# 区域土地资源研究与农业规划实例

## ——以宜春市袁州区为例

赵志刚 著

科学技术文献出版社

·北京·

**图书在版编目（CIP）数据**

区域土地资源研究与农业规划实例：以宜春市袁州区为例 / 赵志刚著. —北京：科学技术文献出版社，2017.10
ISBN 978-7-5189-3391-4

Ⅰ.①区… Ⅱ.①赵… Ⅲ.①土地资源—研究—宜春 ②区域农业—农业发展规划—研究—宜春 Ⅳ.①F323.211 ②F327.563

中国版本图书馆 CIP 数据核字（2017）第 238325 号

**区域土地资源研究与农业规划实例——以宜春市袁州区为例**

策划编辑：崔灵菲　　责任编辑：崔灵菲　马新娟　　责任校对：张吲哚　　责任出版：张志平

| | | |
|---|---|---|
| 出 版 者 | 科学技术文献出版社 | |
| 地 址 | 北京市复兴路15号　邮编 100038 | |
| 编 务 部 | （010）58882938，58882087（传真） | |
| 发 行 部 | （010）58882868，58882874（传真） | |
| 邮 购 部 | （010）58882873 | |
| 官方网址 | www.stdp.com.cn | |
| 发 行 者 | 科学技术文献出版社发行　全国各地新华书店经销 | |
| 印 刷 者 | 虎彩印艺股份有限公司 | |
| 版 次 | 2017 年 10 月第 1 版　2017 年 10 月第 1 次印刷 | |
| 开 本 | 710×1000　1/16 | |
| 字 数 | 168千 | |
| 印 张 | 8.5　彩插6面 | |
| 书 号 | ISBN 978-7-5189-3391-4 | |
| 定 价 | 42.00元 | |

# 前言

区域土地资源是可供农、林、牧业或其他可利用的土地，包括土壤生物、物化环境，地下水环境及土壤气候环境，它是人类赖以生存和发展的物质基础。江西省宜春市是赣西中心城市之一，可划分为山区、丘陵、平原3种地貌，气候温暖湿润，具有良好的农业生态环境，素有"农业上郡，赣中粮仓"之称，是全国重要的商品粮产区。通常为了满足区域农业的可持续发展，既需要了解该区域的土地资源状况，又要对该区域的农业发展进行适宜的规划。土地与农业既相互独立，又相互依存，土地是农业发展的基本保障，农业的发展又提高了土地的利用价值。近些年来，随着城市化与工业化的发展，气候恶化、土壤环境污染，严重影响了区域农业与经济发展，这些问题都亟待解决。此外，区域农业发展也逐渐从大众化的发展转向区域特色发展，这就需要对区域土地资源进行调查，做好农业规划，更好地服务于农业经济发展。本书的编著内容就是结合笔者所在区域对上述问题进行的部分研究与探索。

全书共分为8章，主要包括：本研究的相关概念与研究进展；研究区域自然、经济及农业发展概况；研究区域环境温度发展变化与解决对策；研究区域景观格局与生态服务价值动态演变；研究区域土壤硒资源分布与影响因素；宜春市袁州区利用富硒土地资源的农业发展规划；笔者结合实践完成的一处"富硒有机农业示范园"的规划实例。

此书的编著是笔者对于所学领域研究内容的一次探索与尝试，由于学识水平及能力有限，出现错误之处在所难免，分享此书旨在为感兴趣的师生提供借鉴和参考，抛砖引玉，希望有关专家、学者和相关工作者提出批评与指正，也希望有更多更好的相关研究著作出版。

本书得到了江西省社科"十二五"（2015 年）规划项目（15YJ13）、江西省教育厅科技项目（151042）、宜春市袁州区农业局合作项目、宜春学院招标课题及宜春学院地方发展中心等项目的支持。感谢宜春学院科研处领导、生命科学与资源环境学院园艺系同事对笔者编著本书的关心和帮助。同时，在编著中也引用借鉴了诸多学者出版的相关专著、论文等，这些都为此书的编著工作提供了重要支持，笔者在此表示衷心感谢！

赵志刚

2017 年 9 月

# 目 录

# 第一章 绪 论

江西省是我国的农业大省，宜春市也以农业为主要经济支柱，因此，农业发展是重中之重。但自从我国经济发展以来，我国农业生态环境便面临巨大的挑战。因此，需要走可持续发展道路，经济发展的同时还需要注重农业生态环境的保护。土地资源是农业的根本，研究区域土地资源状况对农业规划与可持续发展具有重要意义。本研究依据宜春市袁州区土地资源状况，包括地表温度、土地景观格局、土壤硒资源分布等，采用多种研究方法，分析了研究区域土地资源的时空变化及影响因素，并提出相应对策。同时，结合研究区域土地资源状况对区域农业的规划与发展开展实例研究，针对宜春市农业发展重点项目，以富硒有机农业示范园为例进行了整体规划设计，为区域农业的规划与可持续发展提供参考。

## 1.1 相关概念

### 1.1.1 土地资源

土地资源指可供农、林、牧业或其他可利用的土地，是人类生存的基本资料和劳动对象，具有质和量两个内容。在其利用过程中，可能需要采取不同类别和不同程度的改造措施。土地资源具有一定的时空性，即在不同地区和不同历史时期的技术经济条件下，所包含的内容可能不一致（罗贞礼，2004）。例如，大面积沼泽因渍水难以治理，在小农经济的历史时期，不适宜农业利用，不能视为农业土地资源，但在已具备治理和开发技术条件的今天，即可视为农业土地资源。

土地资源的分类有多种方法，在中国较普遍的是采用地形分类和土地利用类型分类。按地形分类，土地资源可分为高原、山地、丘陵、平原、盆地，这种分类展示了土地利用的自然基础。按土地利用类型分类，土地资源可分为耕地、林地、草地、工矿交通、居民点用地等，这种分类着眼于土地的开发利用，着重研究土地利用所带来的社会效益、经济效益和生态环境效益（梅静，2012）。另外，土地资源的生产力即自然生产力，是指一定时间内单位土地上的自然生态系统的生物总存量和增长量，包括数量和种类。土地生产力是土地本身的性质、阳光、水、空气、气候条件和人类干预等多种因素综合作用的结果。从满足人类需求、保护生态系统环境的角度来看，目前开发的人工生态系统要优于自然生态系统。

### 1.1.2 地表温度

地表温度即地面的温度，是指太阳的热能被辐射到达地面后，一部分被反射，一部分被地面吸收，使地面升温，对地面的温度进行测量后得到的温度就是地表温度。地表温度还会由所处区域土地环境而有所不同。地表温度的获取主要依赖于遥感反演的方法，通过多种反演算法的精度比较，其中 Landsat TM/ETM 采用的是单窗算法（曹璐，2011），MODIS 采用的是劈窗算法，而 AVHRR 采用分裂窗算法，并在此种算法的基础之上加入了经验拟合的修正（范鹏宇，2013）。通过上述算法得到的地温空间分布规律与实际分布特征有着很强的一致性，误差仅存在于对低空空气温度的估算上，基本在 0.4 ℃以内，以国内外专家的参考文献为验证基础，并进行了相关的野外验证，空间数据一致性良好。

影响地表温度变化的因素也比较多，如地表湿度、气温、光照强度、地表基质（如草坪、裸露土地、水泥地面或沥青地面）等。对于一个区域而言，该区域的地表温度主要取决于该区域所在的纬度（如赤道线上的地区与北极的北冰洋地区的温度就有几十度的温差），另外还有海拔的差异、人口的密度、工业的发展程度、森林的覆盖率（如同一纬度上的沙漠地区和原始森林地区的温差也很大）等。

### 1.1.3 景观格局

景观格局一般指不同土地类型在空间上的格局分布，即大小和形状各异的景观要素在空间上的各种排列和组合，包括由景观组成单元的类型、数目及空间的分布与配置。它是景观异质性的具体体现，又是各种生态过程在不同尺度上作用的结果（李伟峰，2005）。景观格局可以有规律地影响干扰的扩散、生物物种的运动和分布、营养成分的水平流动及净初级生产力的形成等。景观格局的特点主要反映在各项要素间，而要素在空间上的分布又是有规律的，要素形成各种各样的排列形式，从而成为景观要素构型（Configuration）。从景观要素的空间分布关系上讲，最为明显的构型有 5 种，分别为均匀型分布格局、团聚式分布格局、线状分布格局、平行分布格局和特定组合或空间连接。景观格局反映景观的基本属性，与景观生态过程和功能密切相关。分析景观空间格局，是揭示景观生态过程的根本途径。通过建立景观格局与景观生态过程之间的关系模型，预测景观过程特征，开展生态监测评价，进而指导景观规划设计和建设（车生泉，2001；马世骏，1984；李中秋，1995）。

## 1.1.4　生态系统服务功能

生态系统服务功能的研究是最近生态学研究的热点领域，它体现的是可持续发展的思想理念，是近几年才发展起来的生态学领域。生态系统服务是指生态系统与生态过程所形成及所维持的人类赖以生存的自然环境条件与效用，它不仅给人类提供生存必需的食物、医药及工农业生产的原料，而且维持了人类赖以生存和发展的生命支持系统（Daily，1997）。Cairns 等（1997）从生态系统的特征出发，将生态系统服务定义为：对人类生存和生活质量有贡献的生态系统产品和生态系统功能。联合国《千年生态系统评估报告》指出，生态系统服务功能是人们从生态系统获取来的效益。生态系统服务的来源既包括自然生态系统，也包括人类改造的生态系统，同时包含了生态系统为人类提供的直接的和间接的、有形的和无形的效益。我国学者认为，生态系统服务功能是指通过直接或间接得到的产品和服务，包括自然资本的能流、物流、信息流构成的生态系统服务和非自然资本结合在一起产生的人类福利。它分为两类：一是生态系统的产品，即直接价值；二是支撑与维持人类赖以生存的环境，如气候调节、水源涵养、水土保持等难以商品化的功能，即间接价值（王道波，2005；Krenter，2001）。

## 1.1.5　区域农业规划

区域农业规划是全面的、长期的农业计划和部署，是根据国家和地区在一定时期内国民经济发展的需要，充分考虑现有生产基础及自然、经济、技术条件和进一步利用改造的潜力与可能性，拟定具有一定年限的、有科学根据的农业发展设想、轮廓指标、投资安排及主要实施措施等。农业规划属于指导性计划，具有综合性、战略性、长远性的特点。其内容主要包括：①农业生产条件及生产潜力的分析评价和前景预测；②农业发展方向、战略目标、战略重点、区域布局；③农业部门结构、规模、速度及水平；④农业基本建设投资和战略措施与步骤。农业规划应遵循的原则有：①正确贯彻国家和地区发展农业的方针政策；②正确评价当地农业的现有基础和发展潜力；③量力而行，积极可靠、留有余地；④以提高效益为前提，进行多方案比较，选择最优方案。

## 1.2 研究目的及意义

农业生产中的土地是农作物赖以生存的基础,如果缺少对土地资源的认识,则会影响对农业规划、农业管理与建设及农业可持续发展的判断。目前,我国农业仍然属于资源高耗低效型产业,对土地、水、生物和景观等自然资源的使用管理水平不高,农业经济活动也尚未得到有效配置（王保忠,2006）,因此,在现有农业环境条件下,如何合理利用与有效开发自然资源是区域农业规划与发展的主要任务。区域土地资源包括温、水、肥和矿物质等地下资源及山地丘陵、河流湖泊、农田园地等地上资源,因此土地资源除了可以为人类提供食物的直接供给外,还通过景观资源提供了许多间接价值,如调节气候、废物处理、保护生物多样性等多种服务价值,破坏或不善于利用土地资源即降低了粮食产量,引发粮食安全的潜在危机,也会严重影响农业与人类社会发展的可持续性。因此,有效的区域农业规划是农业可持续发展和农业环境保护的前提,在充分研究区域自然和社会经济等环境的基础上,对土地资源进行分析探讨,了解区域土地资源的优势和劣势,在此基础上提出对策和建议,为现代农业的规划发展提供科学依据,有助于正确引导人们的行为和决策（杨正勇,2009）。

## 1.3 研究进展与综述

### 1.3.1 区域地表温度研究进展

地表温度是研究地表和大气之间辐射和能量交换及区域和全球尺度地表物理过程的重要参数。在全球农业、水文、生态、环境、气候、地球生物化学等领域具有重要研究意义。精确定量反演地表温度的成果将推动旱灾预报和作物缺水研究、农作物产量估算、天气预报、全球变化和全球碳平衡等领域研究的发展。传统获取地表温度的做法是通过地面站点定时定点测量，所测的温度只代表观测点的局部温度，而且地表环境的复杂性使温度在短时间内变化较大，同时这种离散式的点测量不能获得大范围的、连续的地表温度信息。唯有遥感可以快速同步地获取大面积区域的地表温度，提供二维陆面温度信息。因此，利用卫星遥感数据演算地表温度，探讨卫星热通道的理论及其实际应用方法，已经成为遥感科技的一个重要研究领域。

1962年，TROS卫星发射成功，热红外遥感反演地表温度逐渐被科学界重视。从20世纪70年代末开始，国内外学者利用热红外遥感快速精确地获取陆地表面温度开展了大量研究。从理论而言，热红外遥感可精确提供高空间分辨率的地表比辐射率和温度信息，但与其他光学波段相同，热红外受大气中的水汽吸收影响大，无法透过云层，不能进行地表温度的全天候监测。微波遥感则正好相反，它受大气干扰小，可透过云层甚至雨区获取地表辐射信息，具有全天候、多极化等特点，在地表温度反演、土壤水分监测中具有某些独特的优越性。近20年，随着空间信息技术的发展，热红外遥感反演地表温度的技术取得了巨大的进展，为快速获取区域地表温度空间差异提供了新的途径。但如何精确反演地表参数是推动遥感技术精确化、定量化的关键点之一，国际遥感界把地表温度反演精度精确到1 K作为攻关课题，具有很高的难度和研究价值。

与国外相比，中国的遥感技术虽然起步相对较晚，但随着遥感技术的日益广泛深入，国内学者在利用热红外遥感数据进行地表温度反演及其应用方面也取得了不少成果。戴昌达等（1995）利用TM影响研究了北京市的城市热岛等环境要素的动态变化；孙飒梅等（2002）利用遥感数据监测城市热岛强度，并将城市热岛强度作为城市生态环境的监测指标之一；马建文等（2003）利用MODIS数据对蝗虫发生环境的地表温度进行反演，为监测和预测蝗虫的发生情况提供依据；刘三超等（2003）以张掖市及周边绿洲为研究区，采用基于TM6波段的单窗算法，反演出地表真实温度，并分析了区域热量分布差异和差异形成原因；江樟焰等（2006）利用Landsat TM数据，对北京地区的地表温度及其土地覆盖类型、植被指数进行了反演，分析讨论了其间的相关关系，发现城市地表植被覆盖度低的地方地表温度相对较高，结果表明其城区地表温度明显比郊区高；武佳卫等（2007）以Landsat TM和ETM+遥感影像为数据源，反演了20世纪80年代以来6个特定年份的上海市地表温度，并以此来分析上海市城市热岛扩展的时空演变格局，并认为上海市建成区的不断扩展是导致城市热岛范围扩大、强度加大的最直接、最根本原因之一；徐丽华等（2010）以 Landsat TM/ETM+ 为基本数据源，定量反演了每个像元内的陆地表面温度，并以此探讨了 20 世纪 90 年代上海市主城区热环境的动态演化和社会经济驱动力；马伟等（2010）以经过大气校正的 Landsat TM 数据为基础，利用单窗算法定量反演地表温度，并估算了 5 种植被参数，结合地表温度空间分布，对比分析了 5 种植被指数与地表温度的相关程度；郑文武等（2011）将多源遥感数据应用到地表温度反演中来提高反演精度，将基于 MODIS 数据反演的大气参数应用于 TM 影像的地表温度反演，分别对单窗算法和单通道算法这两种地表温度反演算法进行了实验研究，并指出在今后的研究中要充分挖掘 MODIS 多波段数据的潜力，以提高地表温度反演精度；徐涵秋（2011）利用多时相遥感影像和 IBI 建筑用地指数获得的建筑用地信息等，研究福州盆地中心近 30 年来的城市扩展进程，以及这 30 年来福州的地表参数变化和城市热环境影响之间的关系，此外还分析了福州变成"火炉"城市的主要原因；孙艳玲等（2012）基于 Landsat TM/ETM+ 遥感影像，利用单窗算法对天津市 3 景影像进行地表温度反演，对不同时期的地表温度分布进行时空分析，分析结果表明地表温度的变化趋势与城市扩张的趋势基本一致。

目前，热红外遥感反演地表温度的方法有两种：①统计法，也称实验法。利用实测的地面数据，建立两者之间的回归方程，求出地表温度。这种方法简单易用，但理论性较弱，不能从更深的层面反映地表温度反演的内在关系。②理论法。根据热辐射传输方程，消除各种影响因素，进而求出地表温度，这是目前应用最广的地表温度反演方法。

### 1.3.2　区域景观格局动态演变研究进展

景观格局是景观组分在空间的排列、组合及构型方式，是在景观内部自然条件和人为活动双重作用下，为适应特定的景观功能而形成的一种景观整体结构。景观格局可用各种格局指数来描述，特别是多指数综合描述的方法应用极其普遍。景观格局的显著特征之一就是可以及时准确反映景观动态变化的基本过程，通过景观格局的动态研究，可以准确把握景观格局功能变化，为进一步景观分析打下良好基础。因此，近年来景观格局的动态变化已成为景观生态学的重要研究领域（傅伯杰，2002）。

由于景观格局的形成需要在一定地域范围内，依靠各种自然环境条件与社会因素的共同作用，只有充分了解其形成原因和作用机制，才能更好地为人类定向影响生态环境并使之向良性方向演化提供依据。目前，景观格局研究主要集中在探讨景观格局的空间异质性和时间异质性上。景观尺度上的空间异质性包括空间组成（生态系统的类型、种类、数量和面积比例）、空间结构（生态系统的空间分布、斑块大小、形状、景观对比度、连接度等）和空间相关（各生态系统的空间关联程度、整体或参数的关联程度、空间梯度和趋势度）3部分内容（高峻，2000）。其中，国内外学者对景观空间格局的形成结构和功能特征作了大量的研究，较有代表性的有：Mander 等运用景观空间格局分析方法讨论了人类活动对中北欧农村景观的影响；角媛梅（2003）运用景观格局分析方法和 GIS 分析方法研究了绿洲景观中居民地空间分布特征及其影响因子。

当前，景观格局研究的内容主要包括：①景观结构的时间变化规律（Naveh，1994）；②对景观格局的控制要素的研究，以确定在不同尺度上如何选取适宜的指数来描述当前景观格局与生态过程的关系，以及如何选用适当参数预测景观格局（吴泽民，2003）；③景观格局对干扰扩散的影响及利用景观格局指标量度其生态功能；④以遥感和地理信息系统为工具，对景观格局的变迁过程进行了分析，其中对景观时空变化的研究方法也是景观格局研究的重要方向；⑤对经典空间模型方法的研究，例如，通过建立神经网络模型来研究景观格局对物种丰富度的影响，运用地理模型、人口和生态系统动态模型等数量化方法研究景观格局与生态过程的关系（高峻，2000）。随着景观生态学研究的进一步发展，景观格局的前沿主要集中在以下几个方面：①研究景观空间结构和异质性；②研究反映景观功能的生态流；③在景观生态学中引入包括组织、非线性动态和聚合稳定性在内的复杂性科学概念，对宏观系统进行研究；④建立景观格局和生态过程的实验关系；⑤反映景观变化的内在驱动力和维持景观稳定性的必需条件，以及反映社会、文化与生态多样性和异质性的综合指标，进一步探讨景观演化和人类活动的相互关系，运用景观数量化的方法与手段来对景观生态进行分类及评价（王胜，1999）。探讨景观格局的目的是对现状进行优化，景观格局优化从本质上说是利用景观生态学原理解决土地合理利用的问题，使景观综合价值达到最大化（周文佐，2002）。景观格局优化研究需要建立在对不同景观类型、景观空间格局与景观过程及功能之间关系深入理解的基础上。所以，首先要找到景观格局对生态过程的影响方式，建立起数量关系；其次利用景观生态学的理论和方法，在数学和计算机工具的辅助下建立景观格局变化的模拟模型与优化标准；最后进行生态、经济和社会综合价值的多目标优化（胡勇，2004）。

近几年，越来越多的学者研究景观生态系统空间特征的量度及其指标体系的建立，由此也产生了很多景观格局评价指标（表1-1），这些指标为景观空间格局的分析奠定了基础。例如，王根绪等（2006）选取了斑块面积、斑块周长，景观多样性，优势度，景观分离度，景观破碎度和分维数6个指标评价黑河下游三角洲的景观格局；陈利顶等（1996）选择了景观多样性指数、优势度、景观破碎度和景观分离度4个指标分析了人类活动与景观格局之间的关系。王仰麟（2000）认为，从建立一套指标体系出发，景观生态系统的空间结构特征至少应包括个体单元空间形态、群体单元的空间组合状况、单元间的空间关联指数、结构的空间变化规律几个方面。

表 1-1　景观水平上选取的指数

| | 指数名称 | 数量 | 选取指数 |
|---|---|---|---|
| 类型 1 | 斑块大小、密度指数 | 8 | |
| | 斑块面积 | 3 | AREA_MN<br>AREA_AM<br>AREA_CV |
| | 回转半径 | 3 | GYRATE_MN<br>GYRATE_AM<br>GYRATE_CV |
| | 斑块密度 | 1 | PD |
| | 最大形状指数 | 1 | LPI |
| 类型 2 | 斑块形状指数 | 15 | |
| | 景观形状指数 | 1 | LSI |
| | 边缘密度 | 1 | ED |
| | 形状指数 | 3 | SHAPE_MN<br>SHAPE_AM<br>SHAPE_CV |
| | 周长面积比 | 3 | PARA_MN<br>PARA_AM<br>PARA_CV |
| | 分维度指数 | 3 | FRAC_MN<br>FRAC_AM<br>FRAC_CV |

| | 指数名称 | 数量 | 选取指数 |
|---|---|---|---|
| 类型2 | 邻近指数 | 3 | CONTIC_MN<br>CONTIC_AM<br>CONTIC_CV |
| | 周长面积分维度 | 1 | PAFRAC |
| 类型3 | 边缘对照指数 | 5 | |
| | 加权边缘对照密度 | 1 | CWED |
| | 总边缘对照指数 | 1 | TECI |
| | 边缘对照指数 | 3 | ECON |
| 类型4 | 邻近度、相似度指数 | 9 | |
| | 邻近度指数 | 3 | PROX_MN<br>PROX_AM<br>PROX_CV |
| | 欧式最近邻近距离 | 3 | SIMI_MN<br>SIMI_AM<br>SIMI_CV |
| 类型5 | 基质指数 | 6 | |
| | 蔓延度指数 | 1 | CONTAG |
| | 邻近百分比 | 1 | PLADJ |
| | 聚焦度指数 | 1 | AI |
| | 散布与并列指数 | 1 | IJL |
| | 景观分割指数 | 1 | DIVISION |
| | 分裂度指数 | 1 | SPLIT |
| 类型6 | 景观多样性指数 | 9 | |
| | 斑块丰富度 | 1 | PR |
| | 斑块丰富度密度 | 1 | PRD |
| | 斑块相对丰富度 | 1 | RPR |
| | 辛普森多样性指数 | 1 | SIDI |
| | 香农多样性指数 | 1 | SHDI |
| | 修正的辛普森多样性指数 | 1 | MISIDI |
| | 香农均匀度指数 | 1 | SHEI |
| | 辛普森均匀度指数 | 1 | SIEI |
| | 修正的辛普森均匀度指数 | 1 | MISIEI |
| 合计 | | 52 | |

### 1.3.3 区域生态服务价值研究进展

　　面对愈演愈烈的环境问题，许多学者都在寻求最好的解决办法。可是，环境问题是自然系统和社会经济系统相互作用的结果，单一学科无法有效地加以解决。正是在这种背景下，生态经济学作为一门新兴的学科应运而生，并表现出很强的生命力和广阔的应用前景（Daily，1997）。将自然的生态服务价值以经济货币的形式加以体现，使得原本模糊的价值清晰起来。生态经济学增加了人类对自然和经济活动相互关系的理解，试图将自然生态系统对人类的服务与经济评价结合起来，并且针对生态系统的价值评估进行了一系列的尝试，其中规模和影响最大的是 2001 年启动的千年生态系统评估（The Millennium Ecosystem Assessment，MA）。该项目由来自 95 个国家的 1300 多位科学家共同参与，开拓性地对生态系统及其对人类福利的影响进行了多尺度综合评估，其研究成果可以作为实时参考，为政府决策提供可靠的地球生态系统的变化信息（Rorbert Costanza，1997）。

　　Daily（1997）第一次对生态系统的服务功能开展了全面、深入、系统地研究，得到了广泛关注，此外 Costanza 等（1997）根据全球生态系统类型将生态系统服务功能分为 17 大类，并对全球生物圈提供的生态系统服务功能的价值进行了计算，结果表明全球生物圈提供的生态系统服务功能的年平均价值比目前全球年均国民生产总值高出近一倍。这一结论的得出在全世界相关领域产生了很大反响，很多专家和学者相继对生态价值评估方法开展了进一步深入研究（赵景柱，2000）。许多学者从不同的角度对生态服务价值评估方法进行了研究（Björklund，1999；Bolund，1999），《Ecological Economics》杂志分别于 1985 年和 1999 年以论坛或专题的形式汇集了生态服务价值评估的相关研究成果。

　　目前，国际上关于生态系统服务价值及其评估的研究大致可归纳为几个方面：①全球或区域生态系统服务价值评估比较有代表性的有：Costanza 等（1997）13 位科学家开展了全球生态系统的服务价值分类和全面评估，比较了全球和美国的生物多样性；Sutton 等（2002）探讨了全球生态系统的市场价值及非市场价值，并对其与世界各国 GDP 的关系进行了研究；由联合国组织的千年生态系统评估工作组分别在全球和区域尺度开展了名为生态系统与人类福利的研究（MA，2005），是目前对生态系统服务价值规模最大的一次评估工作。②流域尺度生态系统价值评估比较有代表性的有：Gren 等（1995）探讨了欧洲多瑙河流域的经济价位；Pattanayak（2004）采用3步评价方法，对印度尼西亚Manggarai流域在减轻旱灾方面的价值进行了评价。

生态系统服务功能价值评估是生态规划的重要理论和方法。人类早就意识到了生态系统对人类生存和发展的重要作用，但关于生态系统服务功能或环境服务功能的研究却相对滞后，最早的研究始于20世纪70年代。Westman提出"自然的服务"这一概念及其价值评估问题。Marsh在《Man and Nature》中记载了生态系统服务功能的作用，他还意识到自然生态系统分解动植物尸体的服务功能，同时还指出，水、肥沃的土壤乃至我们所呼吸的空气都是大自然所赐予的（Cairns，1997）。此后Leopold在Marsh的基础上深入地思考这一概念，认识到人类自己不可能替代大自然的生态系统服务功能，并指出："土地伦理将人类从自然界的统治者还原成为普通一员。"（赵景柱，2003）同一时期的Fairfield Osborn研究了生态系统对维持社会经济发展的意义（欧阳志云，1999）。

此外，不同的生态系统类型其服务价值变化规律和估算方法也不相同，因此研究不同的生态系统服务价值也具有非常重要的意义。针对不同生态系统类型的服务价值，国内学者也开展了大量研究。例如，韩维栋等（2000）对我国现存的自然红树林约13 646 hm$^2$的年总生态系统功能价值进行了估算；辛琨等（2002）估算得到盘锦地区湿地生态系统的服务功能价值为62.13亿元，是该地区国民生产总值的1.2倍；余新晓等（2005）对我国森林生态系统的价值进行了测算；王兵等（2009）依据第六次全国森林资源清查数据对我国经济林生态系统服务价值进行了评估；杨怀宇等（2011）以上海市青浦区常规鱼类养殖池为例，对池塘养殖生态系统服务价值进行了评估。

### 1.3.4 区域土壤硒资源研究进展

土壤是生态环境的枢纽。土壤中硒的含量及形态对植物吸收硒的程度具有直接影响，而硒不足或者过量都会对植物及动物的生长、发育和繁殖产生影响，甚至威胁人类的健康。因此，土壤中硒的含量水平对植物、动物和人类的硒营养起决定性作用。Swaine研究得出世界土壤硒含量范围为0.1～2.0 mg/kg，平均含量为0.2 mg/kg，但由于研究的方式方法不同，其结果之间存在一些差异。

目前，世界上共有40多个国家和地区缺硒，一些国家土壤的硒含量见表1-2（赵少华，2005）。一般规律为，表层土壤中的硒含量明显高于相应的亚层和母质层，硒在铁铅含量较高、富含泥炭和腐殖质的干旱或者半干旱地区碱性土壤中或集水盆地中易富集（陈绪敖，2012）。

表 1-2 一些国家土壤的硒含量

单位：mg/kg

| 土壤 | 国家 | 含量范围 | 平均含量 |
|---|---|---|---|
| 黄土及粉砂土 | 波兰 | 0.17 ～ 0.34 | 0.23 |
| 壤土及黏土 | 波兰 | 0.18 ～ 0.60 | 0.30 |
| | 加拿大 | 0.13 ～ 1.67 | 0.48 |
| 冲积土 | 波兰 | 0.12 ～ 0.34 | 0.22 |
| | 埃及 | 0.15 ～ 0.85 | 0.45 |
| 黑钙土 | 波兰 | 0.24 ～ 0.34 | |
| | 苏联 | 0.32 ～ 0.37 | 0.34 |
| 有机质土 | 加拿大 | 0.10 ～ 0.75 | 0.34 |
| 铁铝土 | 印度 | | 0.55 |

为了摸清我国地区硒元素分布状况，早在 20 世纪 90 年代，我国一些学者就开始对我国硒元素分布状况及其含量进行调查。例如，陈绪敖等（2012）研究得出，在中国，缺硒省份多达 22 个，约 72% 的土地面积存在不同程度的缺硒（< 0.05 mg/kg），其中严重缺硒（< 0.02 mg/kg）面积占 29%，缺硒（0.02 ～ 0.05 mg/kg）面积占 43%。根据邓垚（2012）关于重庆紫色土地区的研究，重庆紫色土地区土壤全硒水平在 0.077 ～ 0.566 mg/kg，处于低硒偏中等水平。

我国土壤中硒分布呈现以中间低、东南和西北地区高的马鞍型的特点（陈绪敖，2012）。土壤平均硒含量由东南沿海经中间带再向西北逐渐递减。而且，大部分低硒带往往是以棕褐土系列为主，包括 31 个土壤类型，占中国土壤类型总数的 75.6%，如表 1-3 所示（陈绪敖，2012）。

表 1-3 中国主要土壤类型中硒含量范围

| 土壤类型 | 硒含量范围 /（mg/kg） | 定义 |
|---|---|---|
| 紫色土、褐土、黑垆土、红棕壤、褐土 | ＜0.1 | 极低硒 |
| 亚高原草甸土、黑土、暗棕壤、白浆土、黄淮海平原潮土、东南滨海平原水稻土、黑钙土、棕钙土、栗钙土、灰钙土、荒漠土型砂土、栗钙型砂土 | 0.1～0.2 | 低硒 |
| 灰漠土、棕漠土、荒漠代灌绿洲、长江中下游平原水稻土、黄壤区水稻土、砖红壤、荒漠带盐土、盐化草甸土、磷质石灰土、石灰土、黄棕土 | 0.2～0.4 | 中硒 |
| 黄壤、红壤、赤红壤 | ＞0.4 | 高硒 |

此外，风化作用对于硒的蓄积有一定的影响，尤其是在灰岩、砂岩及片岩分布区。其中，在云南省东部的碳酸盐岩出露地区，由于构造或者露头岩层的风化作用，使得土壤表面富集了一定含量的硒（孙妍，2009）。同时，从表层土壤到深层土壤，经历氧化还原环境的变迁再沉积，剖面土壤硒含量呈上低下高的分布趋势。随着土壤母质地层老化，其发育的土壤蓄硒能力越强；反之，地质时代越新，土壤硒含量越低。另外，有研究表明，不同类型、不同颜色的土壤中硒元素含量差异非常明显。马俊等（2012）对贵州开阳地区土壤硒的研究得出当地紫色土硒含量为（0.980±0.176）mg/kg，在不同类型土壤中的硒含量为：红壤＞黄壤＞水稻土＞石灰土＞紫色土＞黄棕壤，如四川盆地主要为紫色土，硒含量范围为 0.008～0.298 mg/kg，平均值为 0.212 mg/kg，其中，红棕紫泥＞灰棕紫泥＞红紫泥。但也存在同一土壤类型（紫色土），不同学者的研究结果不尽一致的情况（王少周，2005）。

### 1.3.5 富硒农业研究进展

国外对硒自然科学研究较多而经济学研究较少。世界卫生组织（WHO）于1973 年宣布硒是必需的微量元素以后，硒在生物学和医学中的应用与研究不断取得进步，并取得了一系列研究成果。20 世纪 50 年代前，人们对硒的研究关注其毒性，70 年代后开始关注硒的营养作用，90 年代以后研究硒与生命科学的关系。国外对硒的生理生化作用机理、硒对植物生产影响、硒对农产品品质影响、硒的质量安全等研究较多。例如，Martin（2006）研究了硒对英国农作物的影响。

Gupta（2000）认为硒具有解除重金属中毒的生理功能。Gladyshev（1999）证明体内硒缺少是艾滋病患者的普遍特征。多数学者认为硒对多种癌症具有防治作用，如乳腺癌、皮肤癌、结肠癌、肝癌等，"硒化学预防"已成为世界许多科学家研究的焦点。此外，由于有机硒比无机硒毒副反应小，有机硒化合物的研究成为世界获取富硒食品、富硒药品的重点。Suhajda（2000）的研究表明，酵母具有高度富硒能力及将无机硒转化为有机硒的能力，在合适条件下，酵母菌能够将水溶性硒盐如亚硒酸钠转化为有机态硒化合物并加以吸收。Chassaigne（2002）研究证明，酵母菌中的有机硒代氨基酸主要以硒半胱氨酸和硒蛋氨酸的形式存在。

在基础研究不断取得成果的基础上，20 世纪 90 年代后国外相继对硒产品进行了一系列开发，从添加无机硒到提取天然有机硒，从自然转化到人工转化、再到人工合成有机硒产品，从含硒农作物到高科技纳米硒，在各个层次、各个领域开发了一系列富硒产品（刘建林，2003）。

我国富硒农业尚处于起步阶段，相应的研究还较少，统计数据不多，经济分析较少，富硒农产品开发研究，尤其是富硒食品研究还处于初级水平，往往表现为食品的技术含量大多偏低、技术水平有待提高。因此，科学论证富硒食品的转化机制是今后科研的一个方向，物美价廉的富硒农产品比较受市场欢迎。

由于全民补硒的意识还没有形成，富硒产品主要面向高端消费群体。蒋婷等（2008）经过调查得出人们对于富硒产品的接受程度与收入、文化水平大致成正向关系，这为富硒产品营销策略提供了重要参考。此外，在富硒农业产业化研究上有学者表明，建立垂直式产业链模式，加强上中下游产业间的协作，才能构建产业链核心竞争力（于永超，2006）。

此外，在富硒农业品牌研究上，区域品牌化经营是提高富硒特色农业竞争力的高级阶段。有学者认为，在安康富硒特色农产品区域品牌化发展过程中，应建立"政府为主导、商会协会为中介、企业为参与者角色"的区域品牌运行管理模式，加强"地理标志农产品"保护工作（陈绪敖，2011）。产品品牌化经营仍存在许多问题，如品牌定位模糊、品牌建设行为主体不明确、品牌建设资金投入不足、品牌发展缺乏规范性和统一性、服务支撑体系不健全、品牌培育管理水平较低等（成党伟，2011）。在开发市场方面，刘绵刚（2011）认为应采用"公司＋科技＋基地（合作社、协会）＋农户"的组织形式，公司与农户结成经济利益共同体，风险共担，统一生产标准，共同开发市场。

在富硒农业科技研发方面，政府、相关科研单位、质检部门要做好硒资源普查、天然富硒食品标志制度制定、富硒资源开发技术平台建设、制定实施富硒食品硒含量分类标准等工作，多渠道筹措资金，加大富硒产业科技支撑的资金投入（杨行玉，2012）。只有利用好现代农业科技，将绿色农业技术、绿色农产品加工技术、现代生物技术和工业设备与文化创意、文化艺术活动有机结合起来，构筑多层次无公害、具有地域特色、彼此良性互动的绿色农业产业价值体系，才能提高区域富硒食品的市场竞争力（陈绪敖，2012）。

在富硒农业政策研究方面，政府引导以促进产业升级对富硒农业发展非常重要。例如，陈绪敖（2011）认为政府应从富硒农产品基地、富硒食品产业布局、流通体系设计、重点发展计划项目到配套的产业扶持政策等方面，做出全面规划，培育龙头企业，促进科学发展。陈小丽等（2008）主张政府根据市场需求、资源生态、产业布局，参照恩施州区域经济布局，有重点的实行整体开发，在各市、区构建各具特色的优质、高产、高效、生态、安全的产业区域。于勤勤（2009）主张政府要推进富硒产品的产业化经营，协调产前、产中、产后各经营主体关系，为企业提供政策、税收、资金、技术上的支持。

此外，还需要加强对硒产品的质量监管。朱慧英（2011）主张要尽快推出富硒产品国家标准、行业生产标准，通过龙头企业的带动作用规范富硒食品生产；加强富硒食品检测，保障食品安全，建立富硒农产品质量安全信息发布制度。

富硒产业发展需要资金支持。刘建林等（2003）认为资金缺乏是富硒产业发展的"瓶颈"。当前，我国正处在以硒的初级生物资源开发为主逐渐向有机硒的研究和开发阶段过渡，研发技术和市场开发环节需要大量的资金投入。富硒农产品相关企业多为中小企业，获得的银行贷款较少，建议建立硒资源产业发展基金，吸引风险投资，融通资金。

加强环境保护，实现富硒产业绿色可持续发展。朱慧英（2011）认为富硒地区生态环境脆弱，在富硒农业的发展中，要做到合理、高效地利用资源，对特色农产品产地实施保护性耕作，减少硒资源流失；提高农业生产技术，发展循环农业。李春生（2000）主张发展富硒肥料，将硒矿矿渣作为含硒肥料的生产原料。

## 1.4 研究思路与内容

### 1.4.1 研究思路

通过查阅分析关于国内外土地资源、农业规划等研究的相关文献资料、遥感影像数据、实地调研及研究区域自然社会资料等数据，结合硒检测实验、GIS平台系统，对研究区域地表温度、土地利用/覆被景观、土壤硒分布特征等进行了分析，并对上述土地资源的影响因素及对策进行了研究。同时，以土壤硒分布为主要基础，结合宜春市袁州区农业发展的自然资源、社会经济和区位优势，提出以土壤硒资源为主的农业发展的思路、目标和重点发展内容，构建研究区域的农业发展规划框架，对各部分内容进行系统的规划，根据规划实施的要求，提出农业发展规划保障的政策措施。此外，结合笔者对研究区域内某一具体富硒有机农业示范园区的建设案例，提出了富硒农业规划的重点项目的实施方案。本研究内容可为提高区域土地利用效率、增强农业规划与农业可持续发展提供借鉴。

### 1.4.2 主要研究内容

针对宜春市袁州区土地资源与农业规划发展进行以下几方面的研究。

（1）研究区域简介

第二章内容首先对宜春市袁州区自然资源状况进行了简要描述，从地貌、气候资源、土壤资源、山脉资源、水系资源和生态资源 6 个方面指出宜春市袁州区自然资源丰富，自然环境优美；其次对该区域的国民经济和社会发展进行了概述，从人口、社会经济、旅游资源 3 个方面进行了分析，介绍了袁州区所辖范围和社会经济发展的总状——近些年经济发展稳中有进，经济效益同比有所增长；最后从农业、农业建设发展、农业技术发展和农业产业发展 4 个方面指出袁州区农业发展的潜力和条件。

（2）研究区域地表温度与降温设计

地表温度是衡量宜居及农业可持续发展的重要指标，因此降温设计在区域规划中的作用日益突出。第三章采用 1996 年、2006 年和 2013 年 3 期 TM/ETM+/OLI/TIRS 影像数据反演地表亮温，借助 GIS 系统研究宜居城市——宜春市热岛效应的分布特征，并结合土地覆被等自然地理特性，初步规划宜春市袁州区降温设计。研究表明：①宜春市袁州区温度总体呈升高趋势，低温面积逐渐向高温方向转移，且随时间增长有快速扩大趋势；②研究区域内利用现有秀江河道、高速公路等为降温通道，并新规划出 3 条降温通道，便于通道连通扩散至降温片区，在降温通道连接的关键节点增加绿核，提高降温效果，通过规划初步形成了点、线、面的相互联系，实现城市降温网，为研究区域的社会经济与农业可持续发展奠定基础。

（3）研究区域景观格局动态演变与生态服务价值变化

第四章基于江西省宜春市袁州区 1996 年、2006 年和 2013 年 3 个时期的土地利用数据，采用转移矩阵和景观指数分析了研究区域近 20 年土地利用及景观格局动态变化和生态服务价值。研究结果表明：①宜春城市化进程快速发展，景观各类型所占面积发生了显著变化，宜春城市景观斑块的数量和密度持续增加；②林地、草地、耕地、建设用地、裸地和水体不同景观之间转化频繁，不同类型生态系统服务价值差别较大，生态系统服务功能的总体格局及各单项生态系统服务价值均出现下降趋势。研究对于宜春市生态、农业的可持续发展及区域规划具有一定的参考意义。

（4）研究区域土壤硒分布与影响因素

第五章采用多目标地球化学调查的方法，研究了该区域土壤硒元素的含量与分布，结果表明：①袁州区土壤中硒含量在 0.0001 ～ 1.03 mg/kg，平均值约为 0.18 mg/kg，多数地区达到足硒、富硒水平；②土壤硒含量空间分布存在一定的特性，缺硒地区主要位于袁州区北部，富硒地区主要位于中部和南部，新田乡以西地区主要为足硒区。建议重视利用与保护该区域富硒土地资源，科学规划与合理开发富硒农业园区，为地方经济发展服务。

（5）研究区域农业发展规划实例

第六章内容主要围绕宜春市袁州区土壤硒资源优势，以有机农业、绿色农业、休闲观光农业为发展理念，通过富硒水稻、富硒油菜、富硒油茶、富硒蔬菜、富硒果茶、富硒中药材标准化生产与栽培示范，以及畜禽优良种质资源引进、改良和示范建设，辐射带动其他富硒区域农产品生产，使富硒产业着重向第二、第三产业发展。把富硒产业培育成为袁州区现代农业发展的新亮点、农业经济发展新增长点、农民增收的突破点，使富硒产业成为袁州区产业发展的新优势。

（6）富硒有机农业示范园规划实例

第七章内容主要以笔者在研究区域进行的某一重点示范园规划为例，说明富硒有机农业示范园区的规划设计内容。此项目是依托研究区域得天独厚的富硒土壤及富硒水资源，开发富硒、生态、绿色、有机农产品，计划打造成华东区域上规模的富硒生态有机农业生产园区，建设集有机农业和生态观光旅游休闲于一体的综合性农业观光区，提升改造传统农业产业，使之成为区域生态农业和农村生态文明的窗口、生态富硒特色农业的展示园、国内一流的高科技生态农业示范基地、国内外一流的高档优质富硒有机农产品供应基地和展示当地农家风貌及民俗风情的观光休闲胜地，建成一个融生态农业技术示范和生态文化及旅游休闲于一身的富硒有机农业园，打造成具有江南特色的国家级的现代化生态农业示范区。

## 1.5 技术路线

根据本书的研究思路与内容，可以提出如下研究技术路线（图1-1）。

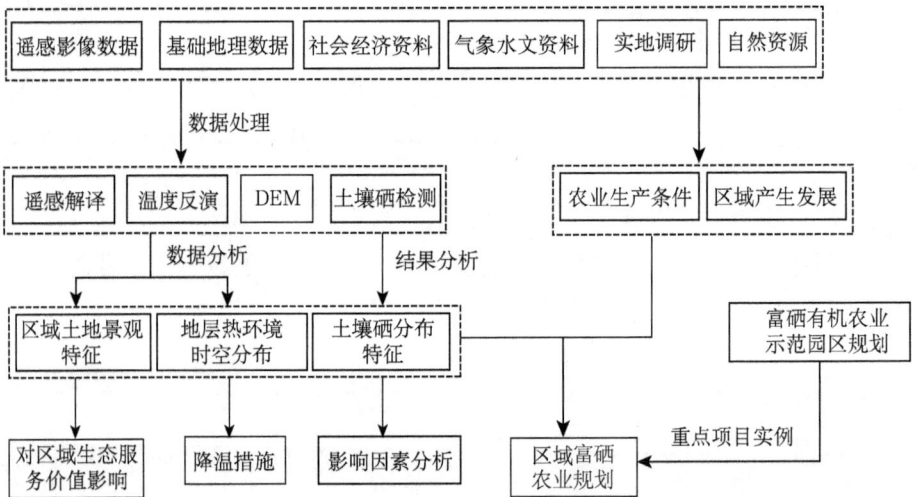

图1-1 研究技术路线

# 第二章 研究区域自然、经济及农业发展概况

宜春市袁州区位于江西省西部，袁河上游，属于赣西地区中心城市，东经 113° 54′ ～ 114° 37′，北纬 27° 33′ ～ 28° 05′；东连新余市，西临萍乡市，南界安福县，北接万载、上高县；总面积 2532.36 km²，总人口 105.045 万人（2015年）；境内河流、丘陵交错，地势起伏不一，具有丰富的森林、水利等自然资源。

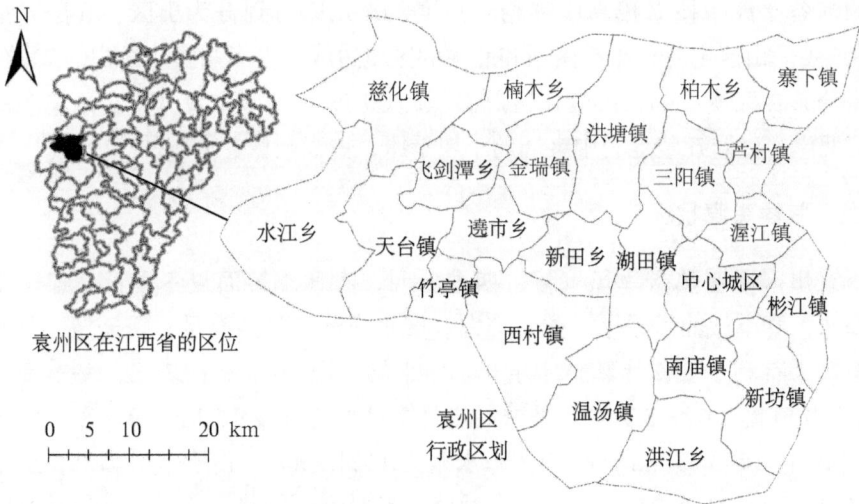

**图 2-1 区位分布**

袁州区辖灵泉街道、秀江街道、凤凰街道、湛郎街道、珠泉街道、化成街道、官园街道、下浦街道、金园街道 9 个街道，图 2-1 中将这 9 个街道标注为中心城区；辖彬江镇、西村镇、金瑞镇、温汤镇、三阳镇、慈化镇、天台镇、洪塘镇、渥江镇、新坊镇、寨下镇、芦村镇、湖田镇、南庙镇、竹亭镇 15 个镇；辖新田乡、洪江乡、水江乡、楠木乡、遼市乡、飞剑潭乡、柏木乡 7 个乡。

袁州历为州、郡、路、府首邑,现为宜春市政府所在地,是全市政治、经济、文化、信息中心。袁州古为"赣湘孔道",是赣西重要的商品集散地。浙赣铁路、沪瑞高速公路、320 国道横贯全区,区级公路纵横交错,总长 1300 km。森林覆盖率达 56.8%。境内盛产大米、茶油、苎麻、辣椒、百合、竹木等,油茶年产量约 400 万 kg,面积和产量均居中国之首;粮食年产量在 38 万 t 以上;苎麻栽培历史悠久,产量达 1600 多 t(数据来源于 2013 年)。

## 2.1 自然资源状况

### 2.1.1 地貌状况

袁州区属低山丘陵地形,南、西、北三面群山环抱,峰峦层叠,地势较高;中部和东部广布丘陵,地势较低。袁河自西向东于区境中部流过,形成一块狭长的河谷平原。按海拔高度和相对高度,袁州区可划分为山区、丘陵、平原 3 种地貌。山区主要分布在南面和北面的区境边缘,占袁州区总面积的 21.7%;丘陵分布在区境中部,占袁州区总面积的 60.7%;平原主要分布在区境东部和袁河两岸,以及丘陵地貌中夹插的小块平原,占袁州区总面积的 17.6%。

### 2.1.2 气候资源状况

袁州区属亚热带季风气候,四季分明,春秋季短而夏冬季长,冬季冷而夏季热,春季湿而秋季干,热量丰富,降水充沛,日照充足,霜期短,气候资源丰富,有利于农作物和林木生长。年平均气温 16.2 ~ 17.7 ℃,冬季最冷月 1 月平均气温 4.6 ~ 5.3 ℃,夏季最热月 7 月平均气温 27.3 ~ 29.6 ℃。年降水量 1545.6 ~ 1736.3 mm,平均年降水量为 1624.9 mm;由于季风影响,上半年各月降水量呈递增趋势,下半年各月降水量呈递减趋势;全市各地每季度降水量占年总量的百分比分别是:第一季度 21%,第二季度 46%,第三季度 22%,第四季度 11%。5—6 月降水最多,平均月降水量为 273.9 mm,12 月降水最少,平均降水量为 52.8 mm。年平均日照时数 1737.1 h。日照时数的年内变化,以上半年大,下半年小;以 7 月日照时数 259.0 h 为最多,3 月日照时数 83.4 h 为最少。以偏西风为常年主导风向。项目区的主要河流为袁河,袁河支流众多,分布均衡,袁河水系的控制流域面积占全区总面积的 86.3%;境内年平均径流量约为 184 亿 m³,基本上能够满足工农业生产和人民生活的需要。

### 2.1.3 土壤资源状况

袁州区土壤类型主要有山地草甸土、山地黄棕壤、山地黄壤、红壤、石灰土、水稻土、潮土7个土类。山地草甸土占袁州区土地总面积的2%左右；山地黄棕壤占4%左右；山地黄壤占5%左右；红壤一般分布在丘陵地区，占袁州区土地总面积的40%左右；石灰土约占30%；水稻土约占袁州区土地总面积的17%；潮土主要分布在袁河及其支流两岸，占袁州区土地总面积的2%左右。

### 2.1.4 山脉资源状况

袁州区位于罗霄山脉北麓中段，武功山脉北麓。境内较大的支脉有明月山、丰顶山和天台山。明月山位于区境南部，由西南到东南，峰回嶂叠，绵延数十公里，是袁州区与安福县的天然分界线；境内有海拔1000 m以上的山峰12座，主峰太平山海拔1736 m，风光秀丽，森林茂密，亚热带树种齐全，是江西省著名的旅游胜地。丰顶山位于区境北部，是袁州区与万载县之间的天然屏障，主峰沙泥坪海拔959.9 m，在这一带的峰峦中，有天然石灰岩溶洞多处，千姿百态的钟乳石，堪称奇观。天台山屹立区境西部，为袁州区与萍乡市的分界山。

### 2.1.5 水系资源状况

袁州区的主要河流为袁河。袁河发源于武功山金顶峰北麓，大致流向为自西向东，经芦溪、袁州、分宜、渝水、樟树等区市县，汇入赣江。袁河流入袁州区，经西村、湖田、渥江、彬江等乡镇和中心城区，长达52 km。袁河支流众多，分布均衡。袁河水系的控制流域面积占袁州区总面积的86.3%。另外，还有慈化镇部分山溪流向万载，汇入锦江；慈化镇和水江乡的少数山溪，分别流向浏阳和萍乡，汇入湘江；洪江乡部分山溪流向安福，汇入泸水。袁州区年平均径流量约为184亿m³，基本上能够满足工农业生产和人民生活的需要。

### 2.1.6 生态资源状况

袁州区坚定实施"生态立区"战略，大力推进生态文明建设，取得了空气质量全年优良率和主要河流断面优质水率均100%、森林覆盖率达56.2%的成果。良好的生态环境优势，已成为引领袁州经济转型升级的强劲动力，有力推进了跨越式发展、绿色崛起的进程。全区已完成造林5.8万亩（1亩=666.67 m²，下同）、绿道建设 61.9 km、绿化面积 2073 亩,成功创建森林乡镇 3 个、森林村庄 54 个。

## 2.2 社会经济发展状况

### 2.2.1 人口状况

2010 年第六次全国人口普查结果显示,袁州区常住人口中,居住在城镇的人口 461 817 人,占总人口的 44.15%;居住在乡村的人口 584 135 人,占总人口 55.85%。同 2000 年第五次全国人口普查相比,城镇人口占总人口的比重上升了 19.70 个百分点。

### 2.2.2 社会经济状况

初步核算,2013 年底实现地区生产总值(GDP)188.79 亿元,比上年增长 10.2%。其中,第一产业增加值 26.17 亿元,增长 3.4%;第二产业增加值 75.40 亿元,增长 13.2%;第三产业增加值 87.22 亿元,增长 9.8%。人均生产总值 17 853 元,增加 2256 元,增长 11.6%。三次产业结构由上年的 15.10∶39.71∶45.19 调整为 13.86∶39.94∶46.20。二、三产业对经济增长的贡献率分别为 51.85% 和 43.30%。非公有制经济快速发展,实现增加值 121.65 亿元,增长 10.8%,占 GDP 的比重为 64.4%。

2013 年,全区财政收入为 471 528 万元,比上年增长 12.7%。人均财政收入 4459 元,增加 493 元增长 12.4%。财政总收入占生产总值的比重达到 24.98%,同比下降 0.45 个百分点。税收总收入 412 820 万元,增长 14.0%,占财政总收入的比重达 87.5%。区级财政收入首次突破 20 亿元,达到 206 921 万元,增长 14.5%。

### 2.2.3 旅游资源状况

袁州区融合特色农业和温泉资源,精心打造以温泉养生、生态农业、休闲度假为主的乡村旅游特色品牌,形成以温泉养生和体育运动为主的南庙板块,以农业观光和农耕体验为主的西村板块,以山水观光和主题游乐为主的飞剑潭库区板块。

袁州区已有国家级文保单位(鼓楼)1 处,省级文保单位(洪江塔林、慈化寺、大成殿)3 处,以及宜春评话、袁州版画、三星鼓、袁河锣鼓戏、宜春春锣、南庙武术、慈化寺传说、袁州谯楼传说、脱胎漆器制作工艺等非物质文化遗产。境内有 AAA 级风景区 1 处（酌江风景区），AA 级景区 1 处（宜春体育中心），省级乡村旅游示范点 3 处（金泉农庄、白马农庄和梅花生态农庄）。

## 2.3 农业发展状况

### 2.3.1 农业状况

2013 年农林牧渔总产值 446 546 万元，按可比价计算比上年增长 3.4%。①实现农业产值 173 048 万元，按可比价计算比上年增长 2.6%。粮食总产量 45.3 万吨，增长 0.7%。其中，早稻 16.62 万吨，增长 0.1%；晚稻 25.29 万吨，增长 1.0%。油脂总产 7959 吨，增长 4.7%。蔬菜总产量 16.45 万吨，增长 0.6%；水果总产 3991 吨，增长 0.5%；新建蔬菜基地面积 2000亩，总面积达 1.72 万亩，中心城区时鲜蔬菜自给率达 68.8%。②实现林业产值 51 943 万元，增长 9.9%；全区新造高产油茶林 3 万亩，总面积达 18.8 万亩。新增苗木花卉基地 1.5 万亩，总面积达 5 万亩。③实现牧业产值 166 583 万元，增长 2.8%。肉类总产量 98 137 吨，增长 2.9%；生猪出栏 113.27 万头，增长 3.2%；家禽出笼 200.77 万羽，与上年持平；生猪存栏 76.05 万头，增长 3.2%；耕牛年末存栏数 9.02 万头，增长 14.7%。④实现渔业产值 52 977 万元，增长 2.2%。水产品总产量 38 200 吨，增长 2.1%。其中，捕捞产量 5990 吨，与上年持平。特种水产品产量 12 275 吨，增长 4.0%（表 2-1）。

表 2-1 2013 年宜春市袁州区主要农产品产量

| 产品名称 | 计量单位 | 2013 年 | 比上年增长 /% | 产品名称 | 计量单位 | 2013 年 | 比上年增长 /% |
|---|---|---|---|---|---|---|---|
| 粮食作物 | 吨 | 453 034 | 0.7 | 烟叶 | 吨 | 337 | 0.3 |
| 1. 谷物 | 吨 | 425 946 | 0.6 | 蔬菜 | 吨 | 164 512 | 0.6 |
| ①稻谷 | 吨 | 419 034 | 0.0 | 瓜果类 | 吨 | 23 213 | 3.2 |
| ②小麦 | 吨 | 636 | −7.8 | 茶叶 | 吨 | 41 | 5.1 |
| ③杂谷 | 吨 | 6276 | 0.8 | 水果 | 吨 | 3991 | 0.5 |
| 2. 豆类 | 吨 | 8178 | 2.1 | 肉类总产量 | 吨 | 98 137 | 2.9 |
| 3. 薯类 | 吨 | 18 901 | 2.5 | 猪肉 | 吨 | 92 725 | 3.3 |

续表

| 产品名称 | 计量单位 | 2013年 | 比上年增长/% | 产品名称 | 计量单位 | 2013年 | 比上年增长/% |
|---|---|---|---|---|---|---|---|
| 油料<br>花生 | 吨<br>吨 | 15 477<br>3032 | 14.4<br>4.4 | 家禽产蛋量<br>水产品 | 吨<br>吨 | 5365<br>38 200 | 0.0<br>2.1 |
| 油菜籽<br>芝麻 | 吨<br>吨 | 12 324<br>121 | 17.3<br>0.8 | 耕牛年末存栏数 | 吨 | 90 156 | 14.7 |
| 油脂总产 | 吨 | 7959 | 4.7 | 生猪年末存栏数 | 吨 | 760 537 | 3.2 |
| 麻类<br>药材 | 吨<br>吨 | 1020<br>851 | 0.6<br>3.3 | 生猪出栏头数<br>家禽年末数 | 吨<br>吨 | 1 132 729<br>141.18 | 3.2<br>0.0 |
| 甘蔗 | 吨 | 2530 | −0.4 | 家禽出笼数 | 吨 | 100.77 | 0.0 |

### 2.3.2 农业建设发展状况

袁州区以将袁州现代农业园打造成为国家级现代农业示范园区为主攻点，先后投入资金12亿元，完成土地整理及中低产田改造，完善园区水、电、路等基础设施建设，建立了有机蔬菜示范基地、精品花卉苗木基地、有机瓜果示范基地、高产油茶示范基地、有机水产养殖基地、农产品加工物流、休闲农业示范区7个功能区，已有24家农业企业落户园区，其中19家已建成投产。截至2012年底，园区总产值达8亿元，生产的有机蔬菜、瓜果、茶油等远销香港、新加坡等地。现代农业园迸发的强劲示范效应，激发了农民调整农业产业结构的自觉性、积极性，推动了传统农业生产朝着规模化、集约化方向转型升级。

### 2.3.3 农业技术发展状况

袁州该区积极推进农业标准化生产技术，健全区、乡（镇）、村三级农产品质量监管体系，扎实筑牢农产品质量安全"防护网"。截至2013年底，全区共建立无公害农产品、绿色食品、有机食品、农产品地理标志"三品一标"农产品生产基地23个，获得农业部产品质量安全中心颁证的产品190个。该区还切实加强农业新技术、新品种的引进、转化、推广和科研，2010—2013年，列入省级以上农业科研项目8个，其中国家级项目2个，省级星火项目4个。至此，该区已初步形成了以有机油茶、绿色大米、无公害蔬菜、花卉苗木、中药材、苎麻、生猪、家禽为主导的特色种养产业。

### 2.3.4　农业产业发展状况

袁州区不断加大激活民间资本及招商选资力度，着力引进农产品深加工企业，进一步提高农产品附加值，延伸农业产业链，促进农业提质增效。为做大做强现有农产品深加工企业，该区出台了财政扶助、信贷支持等一系列扶持政策。截至 2013 年底，该区拥有市级以上农业产业化龙头企业 52 家，其中，国家级龙头企业 1 家、省级龙头企业 7 家、市级龙头企业 44 家，涌现出了"润心"山茶油、"香椿"豆腐乳、"月之南"大米、"双鸿"茶叶等 30 多个知名品牌。

## 2.4　小结

本章首先对宜春市袁州区自然资源状况进行了简要描述，从地貌、气候资源、土壤资源、山脉资源、水系资源和生态资源 6 个方面指出宜春市袁州区自然资源丰富，自然环境优美；其次对该区域的国民经济和社会发展进行了概述，从人口状况、社会经济、旅游资源 3 个方面进行了分析，介绍了袁州区所辖范围和社会经济发展的总状——近些年经济发展稳中有进，经济效益同比有所增长；最后从农业状况、农业建设发展、农业技术发展和农业产业发展 4 个方面指出袁州区农业发展的潜力和条件。

# 第三章 研究区域地表温度与降温设计

地表温度（LST）是土壤地表能量平衡中的一个重要参数，它在地表与大气相互作用的过程中起着重要的作用，对土壤地表能量平衡的研究有着重要的意义，特别是在气象、地质、水文、生态等众多领域有着广泛的应用需要。

土壤水分的短缺可形成干旱灾害，每年都给人类社会，特别是农业生产造成巨大损失。为了获得大范围的详细和可靠的土壤水分信息，研究区域地表温度间接反映土壤湿度是一种有效途径。

## 3.1 研究方法

### 3.1.1 数据来源

本书选取了 1996-311、2006-306 和 2013-221 这 3 个时期，轨道号为 122/041 的 TM/ETM+/OLI/TIRS 影像，各期影像含云量均低于 5%，其中 ETM+ 的热红外波段均采用 B62 波段，TIRS 均采用第 11 波段；另外以宜春市袁州区土地利用现状图（2013 年）、宜春市袁州区总体规划图（2010—2020 年）等为参考。

### 3.1.2 温度反演

由于辐射亮度温度、气温和地表温度三者关系密切，如果只研究温度的空间分布及其时空变化特征，可以直接采用亮度温度代表城市热场进行分析。步骤①：在反演辐射亮度温度之前，需对遥感影像进行辐射定标，即将影像的像元灰度值（DN 值）转化为辐射亮度值。辐射定标公式为：$L_\lambda = Gain \times DN + Bias$，式中：$L_\lambda$ 为所需波段的辐射亮度值，$Gain$ 为特定波段的增益值，$Bias$ 为偏置值，这些参数均可从影像元数据中获取，单位为 $W \cdot m^{-2} \cdot sr^{-1} \cdot \mu m^{-1}$，$DN$ 为遥感影像的像元灰度值；将影像辐射定标得到影像的辐射亮度值后，即可通过步骤

②反演得到影像的亮度温度（覃志豪，2001）。步骤②：根据热辐射强度推算出相应行星的亮度温度。公式为：$Tb=K_2/\ln(K_1/RK+1)$，式中：$Tb$ 为没有经过大气校正的行星亮度温度，$K_1$、$K_2$ 为转换参数（宋挺，2015），各热红外传感器类型对应参数如下：TM：$K_1$=607.76 W·m$^{-2}$·sr$^{-1}$·μm$^{-1}$，$K_2$=1260.56 K；ETM+：$K_1$=666.09 W·m$^{-2}$·sr$^{-1}$·μm$^{-1}$，$K_2$=1282.71 K；TIRS10：$K_1$=774.89 W·m$^{-2}$·sr$^{-1}$·μm$^{-1}$，$K_2$=1321.08 K。

### 3.1.3　热环境数据处理

由于研究时期跨度较大，各遥感影像的热红外波段分辨率不一致，为了便于比较，将各期亮度温度的分辨率重采样至 120 m。同时，为了消除遥感影像的时期和背景误差，增强结果的可靠性与准确性，将亮度温度值标准化至 0～1。用公式 $N_i=(LST_i-LST_{min})/(LST_{max}-LST_{min})$ 表示，式中：$N_i$ 为归一化后的像元值，$LST_i$ 为第 $i$ 个像元的地表温度反演值，$LST_{max}$ 为范围内的最大 $LST$ 值，$LST_{min}$ 为范围内的最小 $LST$ 值。

然后，采用均值标准差法对归一化后的亮度温度进行分级，使各期的亮度温度具有可比性（余德，2014），将其分为低温区、次低温区、中温区、次高温区和高温区 5 个等级，具体分类方法如表 3-1 所示（$m$ 为归一化后亮度温度的平均值，$s$ 为标准差）。

表 3-1　热环境等级划分标准

| 温度等级 | 分级标准 | 1996 年 | 2006 年 | 2013 年 |
|---|---|---|---|---|
| 低温区 | $<m-1.5s$ | 0.0000～0.4383 | 0.0000～0.4189 | 0.0000～0.4225 |
| 次低温区 | $m-1.5s\sim m-0.5s$ | 0.4384～0.5240 | 0.4189～0.5045 | 0.4225～0.4768 |
| 中温区 | $m-0.5s\sim m+0.5s$ | 0.5240～0.6096 | 0.5045～0.5901 | 0.4768～0.5311 |
| 次高温区 | $m+0.5s\sim m+1.5s$ | 0.6096～0.6953 | 0.5901～0.6757 | 0.5311～0.5854 |
| 高温区 | $>m+1.5s$ | 0.6953～1.0000 | 0.6757～1.0000 | 0.5854～1.0000 |

### 3.1.4　降温设计方法

降温设计是基于对城市热量的疏导，规划建立城市热源与城郊冷源的能量交换通道与桥梁（张正栋，2013），将城市热量散向城郊，从而达到降低城市地表温度的目的。此外，在规划降温通道的同时，对城市内部的绿地结构也进行相应的调整，增加绿地密度和扩大绿地面积进一步抑制城市内部温度的升高。

## 3.2 结果与分析

### 3.2.1 宜春市袁州区热环境分布特征

将标准化后的亮度温度根据标准差进行分级之后，得到了宜春市袁州区1996年、2006年和2013年的温度空间分布图（见书末彩插图3-1）。对各年份的温度等级图进行统计，得到3年5个等级区的面积及变化特征（表3-2）。

表3-2 1996—2013年宜春市袁州区温度等级面积比例及变化

| 温度等级 | 1996年 | 2006年 | 2013年 | 1996—2006年 | 2006—2013年 |
|---|---|---|---|---|---|
| 低温区 /% | 6.64 | 6.29 | 3.34 | −0.35 | −2.95 |
| 次低温区 /% | 18.89 | 15.19 | 13.28 | −3.70 | −1.91 |
| 中温区 /% | 50.60 | 45.25 | 42.53 | −5.35 | −2.72 |
| 次高温区 /% | 21.72 | 30.91 | 37.20 | 9.19 | 6.29 |
| 高温区 /% | 2.15 | 2.36 | 3.65 | 0.21 | 1.29 |

由图3-1和表3-2可以发现，1996年的温度主要以中温区为主，分布较广；次高温区及高温区集中出现在袁州区及北部部分山区的向阳面，这可能与地势高度和太阳辐射角度及强度有很大的关系；低温区较多分布在地势较低的植被覆盖度高的区域，这表明地形和植被对地表温度有明显的影响，低温区域可形成城市"冷岛"。2006年的温度同样是以中温区为主，同1996年比较，高温区、低温区面积变化不大，而次高温区面积比例增加9.19%，且区域相互连接更广，主要分布在人为活动影响较多的耕地及正在建设地带，这与城市发展的规模和趋势大概一致。2013年高温区面积较之前增加1.29%，集中出现在袁州区城区，且逐渐呈扩大趋势，而低温区面积降低明显（2.95%），且"冷岛"分布更为集中、孤立；次高温区面积同2006年比又增加6.29%，地表温度增温效应明显，这与宜春市袁州区近些年的迅速发展密切相关，如温汤镇低温面积减少迅速，高温

面积快速增加，这与该区域的旅游开发、人流量增大有明显关系。

对比宜春市袁州区 1996 年、2006 年和 2013 年这 3 年的热环境空间分布与统计数据发现，1996—2013 年，次低温区和低温区面积共减少 8.91%，而次高温区和高温区面积共增加 16.98%。这些数据表明宜春市袁州区的温度整体呈快速升温状态，且随时间增加有明显加大趋势。

### 3.2.2 热岛中心区域演变特征

由于宜春市袁州区及周边近 20 年高温区面积增加明显，因此将 1996 年、2006 年和 2013 年 3 期高温区的空间统一作图进行比较分析（见书末彩插图 3-2）。

由图 3-2 可以看出：1996 年的高温"热岛"主要分布在中心城区南部区域，面积很小；2006 年，高温"热岛"区域扩大，在原有的基础上往北扩张，覆盖三阳镇，呈带状分布；2013 年，高温"热岛"区域进一步扩张，呈面状分布，并且对周围的辐射作用明显，呈散射状遍布中心城区、三阳镇、渥江镇、芦村镇及湖田镇 5 个地区。近 20 年整体来看，高温"热岛"呈现出由城市中心向周边"摊大饼"式扩张，基本上是在上一期的热岛区域上向周边扩展。将热环境的空间分布与宜春市袁州区土地利用分类图（见书末彩插图 3-3）对比发现，城市高温"热岛"与建设用地的关联度较高，且在城市建设低集中区域有片状连接态势，若不考虑有效降温措施，城市的宜居环境则会受到影响。

## 3.3 宜春市袁州区降温设计

### 3.3.1 冷源空间分布特征

城市冷源包括城市低温区与次低温区，对其周边热环境能起到降温作用，多数研究表明，冷源主要为城市绿地与水体（张正栋，2013）。将 2013 年的低温区与次低温区与土地利用分类图叠加（见书末彩插图 3-3）发现，冷源分布与呈片状绿地及较大面积水体的分布基本一致，但城区内部的小面积绿地与水体，多数仍处于中温区。这可能是由于城区内部的水体及绿地与周围热环境的相互影响较大，降温辐射效应减弱，而郊区的绿地及水体则与城市热辐射的相互影响较小的原因。

冷源面积对其自身热环境及周边热环境的调节有重要的影响，有研究表明，面积大于 1 km$^2$ 的面状水体对周围热环境的调节半径约为 300 m（轩春怡，

2011）。宜春市袁州区以水体为冷源的主要是飞剑潭乡、寨下镇的湖泊。绿地冷源主要是洪塘镇、楠木乡、慈化镇及水江乡以北区域，其连片带状绿地为主要低温区与次低温区；柏木乡和寨下镇北部也有部分冷源区域；洪江乡、新坊镇和温汤镇以南存在大面积的低温区和次低温区。其他地势相对平缓区域的绿地基本属于中温区，这与它们的分布零散、面积较小也有一定的关系，因此，有必要在原先小面积基础上，规划增加冷源面积，以便有效降低周边热环境。

### 3.3.2 降温通道与绿核规划

对热岛区域及冷源区域分布特征的分析表明，温度与下垫面类型关系极其紧密，这与刘越等（刘越，2012；关彦斌，2006）的研究结果较为一致，低温主要为绿地及水体覆盖区域，这与下垫面对太阳辐射的吸收与反射，以及对热量的储存与散失能力息息相关。因此，结合土地覆被等自然地理特性、城市温度空间分布特征、城市现有主要道路河流叠加图（见书末彩插图 3-4）对宜春市袁州区的城市降温通道进行了规划（见书末彩插图 3-5）。

降温通道：其规划的重要思想为将热区域和冷区域联通，形成空气对流，从而使得城市内部的热量散失；基于现有的道路、山脉，以及对热环境调节的需求，在原有道路、河流及降温绿带等基础上，共规划设计 6 条主要降温通道，其中原有可利用 3 条，新增 3 条，主要是将降温片区和城市热岛互通，形成环状的降温通道网；空旷的道路与河流对热量的迁移起到非常重要的作用，因此，将横贯城市东西方向、流经城市内部的河流、公路，以及贯穿南北方向的公路规划为重要的降温通道，这对宜春市袁州区的城市降温设计是极为关键的，在此基础上，新增 2 条城市边缘连接南北主要 2 个降温片区的通道，可以促进城市热空气的流通，缓解区域热效应；在研究区域中部偏北的东西方向规划新增 1 条降温通道，是由于通道连接区域经过数个降温绿核，且通道位置与经过的多个乡镇的中心位置比较接近，可以起到很好的降温效果。

降温绿核与降温片区：通过将土地覆被与温度分级图的叠加，发现研究区域大面积的绿地、湖泊周围温度都较低，可见这些地类对周边的环境有一定的降温作用。将这些地类单独提取规划为降温绿核，对调节周边小范围内的地表温度有很大的积极作用。此外，在降温通道间连接的关键节点新增数个降温绿核，可以使热空气流动于此处有效吸收，在研究区域的高温分布集中的面积附近规划降温绿核，一方面是由于此处温度相对较低，有部分闲置土地；另一方面可以辐射周边控制热岛面积持续增加；降温片区主要基于低温区和次低温区的分布特征，并以片状、带状的林地为基础，共划分了 3 个降温片区，在区划方位上，主要分布于城市北部与南部，中部区域为主要热岛区域。

## 3.4　小结

1996—2013 年，研究区域地表温度面积变动明显，其中次低温区和低温区面积共减少 8.91%，次高温区和高温区面积共增加 16.98%，这表明宜春市袁州区地表温度整体呈快速升温趋势；地表温度的逐年提高在时间增长上与城市化进程一致，在空间分布上与土地利用状况相关，其中高温区主要分布在袁州区、三阳镇、渥江镇、芦村镇及湖田镇 5 个区域，低温区则主要分布在郊区的水体和大面积绿地区域。将低温面积区域作为冷源和降温片区，原有高速公路、铁路、河流等开阔通道作为降温通道，为便于降温通道的联通，发挥更好的降温效果，新规划设计的 3 条降温通道可通过设计道路或扩大绿地面积形成降温绿带等方式实现。通过在降温通道连接的关键节点增加绿核及在热岛关键点布置绿核等措施，可有效增加通道降温力度，提高降温效果。通过以上规划设计措施，初步形成了点、线、面的相互联系，实现城市降温网，为研究区域的宜居及可持续发展奠定基础。

# 第四章 研究区域景观格局与生态服务价值动态演变

随着经济的快速发展，我国多数城市近些年发展迅猛，在城市经济水平与人均收入提高的同时，出现了气候变暖、水土资源污染、生态服务价值降低、生物多样性减少等一系列的生态环境问题。这对区域农业发展极为不利，因此本章以宜春市袁州区为研究对象，利用近20年3期遥感数据，运用多种景观指数和景观格局分析方法，定量研究城市景观不同时期格局特征，旨在发现宜春市袁州区土地景观格局演变规律，在此基础上对区域生态服务价值进行评估，以便更好地指导区域生态环境向良性健康的方向发展。

## 4.1 研究方法

### 4.1.1 土地利用分类及数据来源

本书选取了1996-311、2006-306和2013-221这3个时期，轨道号为122/041的TM/ETM+/OLI/TIRS影像，各期影像含云量均低于5%，其中ETM+的热红外波段均采用B62波段，TIRS均采用第11波段。

土地利用分类以《土地利用现状分类》为依据，并根据研究区域的实际情况，将研究区域分为农田、园地、林地、建设用地、水体和裸地6种类型（表4-1）。对4期的Landsat TM5遥感影像进行几何校正、辐射校正、影像拼接与研究区裁减等预处理。投影坐标系为Krasovsky_1940_Albers，投影方式为Albers等面积投影，地理坐标系为GCS_Krasovsky_1940。

表 4-1　宜春市袁州区土地景观类型

| 景观类型 | 具体内容 | 景观类型 | 具体内容 |
|---|---|---|---|
| FOR-L | 灌木林，疏林地，自然景区 | CON-L | 道路，村庄，建制镇，工矿地 |
| FAR-L | 水田，旱地，水浇地 | WAT-L | 库塘，河流 |
| GAR-L | 草地，果园 | DES-L | 荒草地，滩涂，沙地，裸地 |

注：FOR-L：林地景观 Forest landscape；FAR-L：农田景观 Farmland landscape；GAR-L：园地景观 Garden landscape；CON-L：建设用地景观 Construction landscape；WAT-L：水体景观 Waters landscape；DES-L：裸地景观 Desert landscape。

### 4.1.2　转移矩阵分析

转移矩阵可以全面清晰的观察研究区域土地利用与覆盖变化的结构特征及不同类型之间的转移变化情况。本书依据 1996 年和 2013 年的土地利用类型图，运用 ArcGIS 软件的空间叠加与分析功能，得到 1996—2013 年区域土地利用转移矩阵。转移矩阵常被研究者（岳东霞，2011）用来描述土地利用类型之间的转变。

### 4.1.3　景观格局指数

景观指数是景观格局信息的高度浓缩，能定量反映其结构组成和空间配置特征，能建立景观结构与过程间的联系，更好地解释与理解景观功能。本书将研究区域 3 期土地利用分类图转化为 Arc Grid 格式，利用分析软件 Fragstats 3.4 来计算各景观格局指数的值。主要指标包括最大斑块所占景观面积指数（LPI）、斑块个数（NP）、景观形状指数（LSI）、分维数（FRAC-MN）、散布与并列指数（LJI）等，从不同角度对宜春市各类景观进行定量分析。各个指标的表达公式及其生态学意义可以参见文献（Wu，2002；Wu，2004；邬建国，2000）。

### 4.1.4　生态系统服务价值研究

生态系统服务评估指标的选取是以生态系统服务功能为基础。本研究参照Daily（2000）、联合国千年生态系统评估（MA）和谢高地等（2015）的方法，将研究区域生态系统的服务功能划分为产品服务和生命支持服务 2 个层面，服务类型包括供给、调节和文化服务三大类型，形成食物生产、原材料、气体调节、气候调节、水源涵养、废物处理、土壤保持、生物多样性保护、娱乐文化 9 项评估指标。由于中国幅员辽阔，地形气候多变，使用全国平均尺度值来研究局部区域往往误差较大，尤其是与地形气候关系密切的农田、园地与林地等生态系统。因此，根据谢高地等的生态服务价值计算值对本研究区域进行部分修订（赵志刚，2015）。

生态系统服务价值评估是以 Costanza（1997）的研究方法为基础，具体公式为：

$$ESV_i = \sum_{j=1}^{n} V_{cij} \times A_i; \qquad (4-1)$$

$$ESV = \sum_{i=1}^{n} ESV_i。 \qquad (4-2)$$

式（4-1）中 $ESV_i$ 是第 $i$ 种土地利用自然生态系统的生态服务价值（元），$V_{cij}$ 是第 $i$ 类生态系统的第 $i$ 种土地生态系统服务类型单位面积价值 [ 元 /（$hm^2 \cdot a$）]，$A_i$ 为第 $i$ 类土地利用类型的面积；式（4-2）中 $ESV$ 为研究区域生态系统总生态服务价值。

## 4.2 结果与分析

### 4.2.1 研究区域城市化进程

一段时间内的城市化率与建成区面积的变化，可以在一定程度上反映出一个城市的城市化进程。由图 4-1 可以看出，宜春城区建成区面积增长大致可分为 3 个阶段：① 1996—2003 年城区面积比由 0.592% 增长至 0.928%，增加比率为 0.336%，为缓慢增长阶段；② 2003—2009 年城区面积比由 0.928% 增长至 1.580%，增加比率为 0.652%，为中速增长阶段；③ 2009—2014 年城区面积比由 1.580% 增长至 2.567%，增加比率为 0.987%，为高速增长阶段。城市化率在 1996—2009 年表现较为平稳，而在 2009—2014 年发展较为迅速。

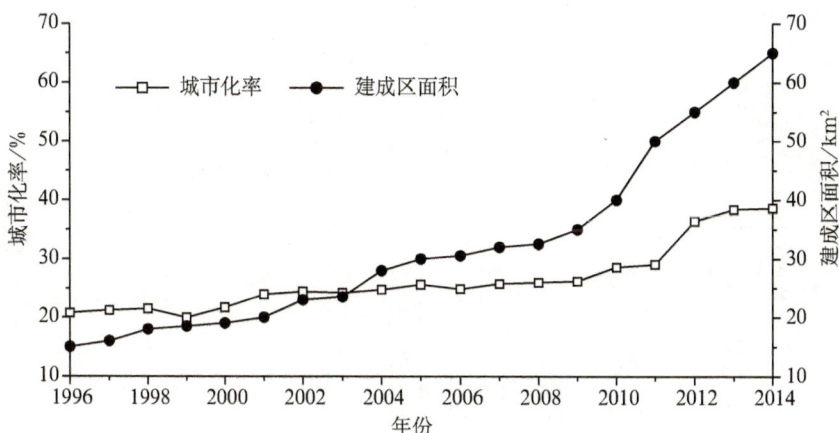

图 4-1　1996—2014 年宜春市建成区面积及城市化率变化过程

## 4.2.2　研究区域景观格局的时空演变

由图 4-2 可以看出，随着时间的推移及社会的发展，研究区域景观格局发生了显著变化（见书末彩插图 4-3）：在 1996 年优势景观面积为林地，其次为农田、园地、建设用地、裸地和水体；2013 年优势景观面积为林地，其次为园地、农田、建设用地、裸地和水体。林地遍布除袁州区、三阳镇外多数乡镇区域，分布较广，1996 年面积为 160 474.60 hm$^2$，占研究区域比例为 63.37%，2013 年面积为 134 634.00 hm$^2$，减少 25 840.60 hm$^2$，下降 16.10%。建设用地在 1996—2006 年增长了 47.67%，在 2006—2013 年快速增长，达到 141.68%，这与宜春城市化进程结果比较一致；水体面积在 1996—2013 年总体增长 52.63%，这与近些年宜春城区河道加宽、水体管理增强有关；1996—2006 年林地面积减少，园地面积增加，表明山地丘陵区域人为干扰增强，部分森林被开发，而 2006—2013 年森林面积变化不大，园地面积降低较多，说明近些年宜春市对森林保护、管理工作加强，园地开发利用较多；农田面积 1996—2006 年降低 22.80%，而在 2006—2013 年增加了 12.65%，表明宜春市袁州区近几年对农田的保护有所加强。

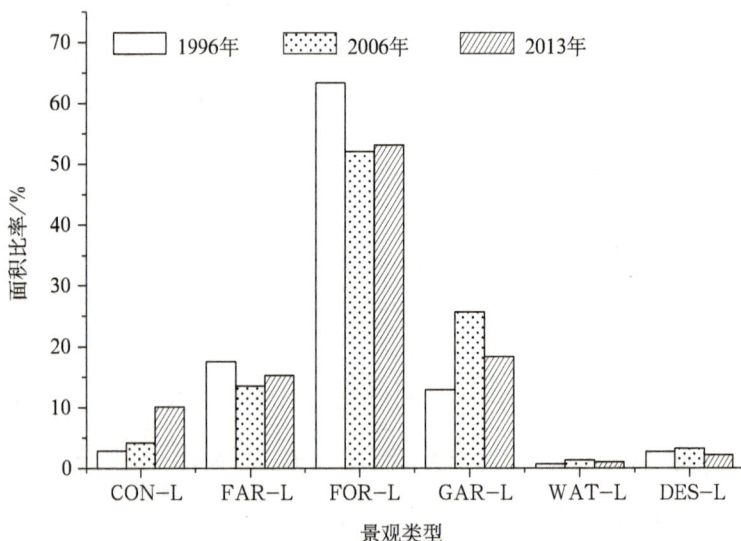

图 4-2　1996—2013 年宜春市景观斑块面积比例

### 4.2.3　研究区域土地利用的时空转移分析

由表 4-2 可以看出，近 20 年，研究区域林地主要转变为城市园地、农田，其次是建设用地，少量面积转换为裸地和水体；建设用地面积快速扩张，其主要是由林地、农田和园地转化而来，其贡献比例分别为 25.87%、26.11% 和 17.25%，1996 年原有建设用地贡献仅为 24.20%；农田面积部分转化为建设用地与园地，新转化面积主要为林地；水体和裸地面积呈减少趋势，水体主要转换为农田、裸地和建设用地，而农田和裸地的补充也相对较多，主要原因可能在于 1996—2013 年农田的集约化，部分农田建设重新布局，新增和填埋部分坑塘水面产生面积转换，而水体与裸地的转化也多发生在滩涂与河流间的面积交换。

表 4-2　宜春市袁州区 1996—2013 年土地利用变化转移矩阵

| 1996 年 | 2013 年 | | | | | | |
|---|---|---|---|---|---|---|---|
| | 建设用地 / hm² | 园地 / hm² | 裸地 /hm² | 水体 / hm² | 林地 / hm² | 农田 / hm² | 总计 / hm² |
| 建设用地 /hm² | 6182.66 | 231.89 | 161.72 | 328.32 | 92.13 | 243.06 | 7239.78 |
| 园地 /hm² | 4406.48 | 17 993.68 | 1162.45 | 148.97 | 7074.55 | 1822.84 | 32 608.96 |
| 裸地 /hm² | 1507.38 | 2033.79 | 338.15 | 45.08 | 1446.56 | 1483.86 | 6854.82 |
| 水体 /hm² | 171.52 | 71.42 | 82.33 | 1290.73 | 32.34 | 26.46 | 1674.81 |
| 林地 /hm² | 6608.74 | 17 204.28 | 2854.18 | 403.78 | 121 994.40 | 15 369.79 | 164 435.17 |
| 农田 /hm² | 6669.24 | 8842.94 | 881.15 | 338.12 | 3994.01 | 19 698.98 | 40 424.45 |
| 总计 /hm² | 25 546.00 | 46 378.00 | 5479.99 | 2555.00 | 134 634.00 | 38 645.00 | 253 237.99 |
| 变化 /hm² | 18 306.22 | 13 769.04 | −1374.83 | 880.19 | −29 801.17 | −1779.45 | |
| 变化率 /% | 252.86 | 42.22 | −20.06 | 52.55 | −18.12 | −4.40 | |

### 4.2.4　研究区域景观格局指数特征

景观水平指数的计算结果显示（表 4-3），斑块个数（NP）由 1996 年的 90 389 个剧增到 2013 年的 185 183 个，增幅超过 200%，这表明宜春市袁州区景观格局在近 20 年破碎化情况严重；斑块密度不断增加，景观形状指数逐渐降低，最大斑块指数和平均分维数均值呈现先增加后减小再增加的趋势。斑块密度（PD）大小可以反映景观斑块的分化程度或破碎化程度。由表 4-3 可以看出，1996—2013 年宜春城市景观斑块的数量和格局发生了一定程度变化，表现为斑块数量与密度持续增加的趋势。

1996—2013 年建设用地景观面积与斑块个数（NP）持续增加，最大斑块指数（LPI）也不断增大，表明研究区域除在原有建设用地扩大面积的同时，也在部分新的区域出现了建设用地；散布与并列指数（IJI）的持续增大说明随着建设用地的扩大与新增，其布局更加分散，建设用地与其他类型的景观分布关系变得更加复杂，相互连通性也有所提高。

农田总面积减小，斑块个数（NP）持续增加，最大斑块指数（LPI）降低，表明农田被占用与分割严重，农田趋向分散；散布与并列指数（IJI）先降低后增加，总体来说有所降低，表明农田与其他景观类型连通性降低，原因可能是农田大多与建设用地连通，降低了同建设用地之外的景观类型连通。

　　林地面积先减少后增加，斑块个数（NP）先增加后降低，说明林地由开始的占用与分散状态逐渐趋于集中分布，主要集中到了一些丘陵山地和地形起伏比较大的地区，而部分平缓地区原有林地被开发与利用。最大斑块指数（LPI）前期的快速下降说明前期人类活动对林地的影响越来越严重，而后一阶段影响活动降低。散布与并列指数（IJI）先减小后增加，说明林地与其他景观类型的分布关系由简单转为复杂，这与后期人类干扰活动降低有关。

　　水体面积先快速增加后有所降低，而斑块个数（NP）持续减少，说明原有水体增加面积并将部分较小片段化景观转变为连续化水体。最大斑块指数（LPI）逐渐升高也表明水体景观趋向于集中；散布与并列指数（IJI）先减少后增大说明其分布情况也由简单转为复杂，同其他类型的景观连通性更强，这表明研究区域加强了河流及沿岸的水体建设与管理，与水体连接的景观类型更加丰富。

　　园地面积前期快速增加后期有所下降，斑块个数（NP）也经历缓慢到快速增加的过程，最大斑块指数（LPI）先增加后又降低，说明前期研究区域果园扩张明显，而受到水果价格不稳定、比较效益低及建设用地扩张等因素的影响，其面积在后一阶段有所缩小，但由于城市化进程加快，小面积绿地斑块增多导致园地斑块快速增加。平均分维数（FRAC_MN）总体来说减少，表明园地的形状变得更为规则。散布与并列指数（IJI）增加，说明园地与其他景观类型的分布关系愈加复杂，连通度更好。

　　裸地的面积和最大斑块指数（LPI）都是先增加后降低，说明研究时间段后期的开发建设强度较高，一些地类在这几年内被开发建设并转化为其他地类如建设用地，斑块个数（NP）增加说明开发过程的占用进一步分割了裸地景观，导致裸地景观破碎化加大。平均分维数（FRAC_MN）持续降低，表明裸地受人为开发变得更为规则。散布与并列指数（IJI）先降低后增加，表明与其他景观类型的分布关系愈加复杂，连通度更好。

表 4-3　1996—2013 年研究区域景观水平指数

| 年份 | 类型 | NP | LPI | LSI | FRAC_MN | IJI |
|---|---|---|---|---|---|---|
| 1996 年 | 建设用地 | 7513 | 0.3231 | 94.4531 | 1.0310 | 58.3513 |
| | 园地 | 32 770 | 0.3668 | 309.2062 | 1.0479 | 60.6351 |
| | 裸地 | 7180 | 0.0539 | 236.4503 | 1.0388 | 62.4811 |
| | 水体 | 5203 | 0.1578 | 40.2681 | 1.0367 | 82.7245 |
| | 林地 | 13 990 | 27.0247 | 134.8473 | 1.0381 | 62.4627 |
| | 农田 | 23 733 | 1.7849 | 207.7680 | 1.0433 | 77.6210 |
| | 总计 | 90 389 | 29.7112 | 1022.9930 | 6.2358 | 404.2757 |
| 2006 年 | 建设用地 | 17 840 | 1.0779 | 121.3781 | 1.0398 | 68.9508 |
| | 园地 | 34 552 | 0.8033 | 273.1455 | 1.0485 | 67.4157 |
| | 裸地 | 15 449 | 0.0748 | 152.2467 | 1.0376 | 53.3085 |
| | 水体 | 3324 | 0.1971 | 72.1421 | 1.0320 | 72.4875 |
| | 林地 | 36 580 | 16.9979 | 147.4992 | 1.0438 | 50.0896 |
| | 农田 | 35 256 | 0.4800 | 154.2067 | 1.0481 | 57.9236 |
| | 总计 | 143 001 | 19.6310 | 920.6183 | 6.2498 | 370.1757 |
| 2013 年 | 建设用地 | 17 911 | 3.7767 | 159.3500 | 1.0473 | 74.6727 |
| | 园地 | 56 416 | 0.4452 | 313.3719 | 1.0463 | 72.9922 |
| | 裸地 | 29 635 | 0.0114 | 191.5731 | 1.0242 | 90.5342 |
| | 水体 | 2529 | 0.2001 | 54.4868 | 1.0417 | 94.2059 |
| | 林地 | 27 451 | 15.4109 | 208.9344 | 1.0393 | 67.0201 |
| | 农田 | 51 241 | 0.4799 | 299.5302 | 1.0433 | 69.6371 |
| | 总计 | 185 183 | 20.3242 | 1227.2460 | 6.2421 | 469.0622 |

注：NP 为斑块个数；LPI 为最大斑块所占景观面积指数；LSI 为景观形状指数；FRAC-MN 为平均分维数；IJI 为散布与并列指数。

## 4.2.5　研究区域生态系统服务价值分析

由图 4-4 可知，研究区域生态系统各单项的生态服务价值差异很大，其中水源涵养、土壤保持、气体和气候调节及生物多样性保护的服务价值均较高，它们在研究年份的总贡献率所占比例分别为 19%、18%、16% 和 14%，这与研究区域林地比例高、植被保护较好有关。分析可以看出，研究区域生态系统服务价值中食物生产单项价值最低，其3期比例均不超过4%，这主要与研究区域农田面积所占比例相对较低有关。1996—2013年，宜春市袁州区生态系统服务功能的总体格局及各单项生态系统服务价值均出现下降趋势，仅废物处理功能价值在2006年较之前略有所提高，但随后又有所回落。

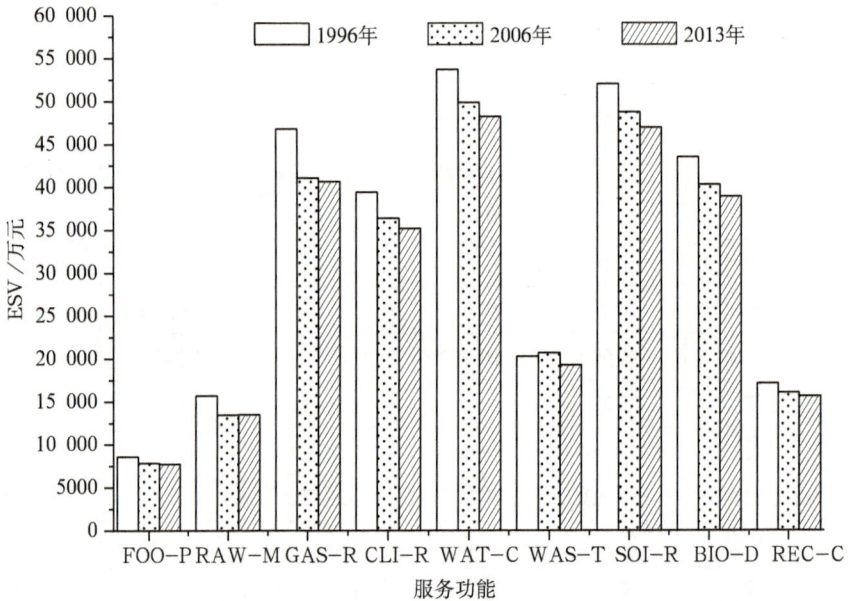

图4-4　宜春市袁州区1996—2013年各单项生态系统服务价值

表4-4为研究区域不同年份各类型生态系统的服务价值量与所占比例，数据显示：不同类型生态系统服务价值差别较大，由近20年的平均数据可以发现，林地系统价值最高，占系统总服务价值的79.02%；其次分别是园地、农田、水体、裸地和建设用地。各类型生态系统服务价值经历了不同的变化趋势和幅度：建设用地系统经历持续增加的变化过程；林地、农田生态系统呈先减少后增加的变化过程；园地、水体和裸地生态系统经历先增加后减少的变化过程。

表 4-4　宜春市袁州区 1996—2013 年各类型生态系统服务价值

| 类型 | 1996 年 | | 2006 年 | | 2013 年 | |
|---|---|---|---|---|---|---|
| | 价值 / 万元 | 比例 /% | 价值 / 万元 | 比例 /% | 价值 / 万元 | 比例 /% |
| 建设用地 | 109.95 | 0.04 | 162.36 | 0.06 | 392.39 | 0.15 |
| 园地 | 23 071.63 | 7.77 | 45 923.08 | 16.75 | 32 799.22 | 12.33 |
| 裸地 | 428.65 | 0.14 | 514.42 | 0.19 | 342.03 | 0.13 |
| 林地 | 249 015.11 | 83.84 | 204 654.54 | 74.64 | 208 917.17 | 78.57 |
| 水体 | 3410.59 | 1.15 | 6718.99 | 2.45 | 5203.69 | 1.96 |
| 农田 | 20 988.46 | 7.07 | 16 202.17 | 5.91 | 18 251.64 | 6.86 |
| 合计 | 297 024.38 | 100.00 | 274 175.56 | 100.00 | 265 906.13 | 100.00 |

## 4.3　小结

　　城市景观格局是城市空间结构和形态特征的近似描述，景观格局是多种因子共同作用的产物，包括自然环境的演变，人类经济活动和动物活动等的相互作用形成的。本章研究主要从转移矩阵、景观指数、生态系统服务价值等方面来进行研究。运用 ArcGIS 软件来研究转移矩阵可以全面清晰的观察研究区域土地利用与覆盖变化的结构特征及不同类型之间的转移变化情况。本书将研究区域 3 期土地利用分类图转化为 Arc Grid 格式，利用分析软件 Fragstats 3.4 来计算最大斑块所占景观面积指数（LPI）、斑块个数（NP）、景观形状指数（LSI）、平均分维数（FRAC_MN）、散布与并列指数（IJI）等景观格局指数的值，可以更好地解释与理解该研究区域的景观功能；同时，通过生态服务价值评估更加直观地了解了研究区域近 20 年生态环境的变化程度，以便为改善区域生态环境提供理论依据。

　　研究结果表明：①宜春市 1996—2013 年的城市化率与建成区面积的变化，在一定程度上反映出宜春市的城市化进程总体呈上升趋势且增长速度逐年增加；②随着宜春城市化进程的快速发展，优势景观面积顺序依然为林地、草地、耕地、建设用地、裸地和水体，但各类型所占面积发生了显著变化；③近 20 年，研究区域内，林地、耕地、草地和建设用地等不同景观之间转化频繁；④从景观水平指数的计算结果可以看出，研究区域内斑块数量与密度持续增加，这表明宜春市袁州区景观格局在近 20 年间破碎化情况严重；⑤研究区域生态系统各单项的生态服务价值差异很大，生态系统服务功能的总体格局及各单项生态系统服务价值均出现下降趋势。

# 第五章 研究区域土壤硒资源分布与影响因素

　　土壤硒资源开发的最有效途径是作物吸附，通过作物栽培实现土壤游离态的无机硒转化为人易吸收的有机硒，因此，硒资源对于农业发展具有重要的意义。通过前期对宜春市袁州区部分乡镇区域的土壤硒资源的调查发现，多数调查区域土壤硒资源丰富，属于足硒或富硒区域，但又不至于引起硒中毒症或硒缺乏症。同时，该区域属于亚热带季风气候，光、热、水、温充分，生态自然环境优越，土壤中硒元素富集程度高，农业人口多，劳动力资源丰富，因此，土地适宜种植多种农产品，采用科学的田间管理，配备优良的土壤环境，具有极高的开发利用价值。但是，要对该区域土壤硒资源有目的的开发利用，尚需对宜春市袁州区整个区域本底资源进行调查，以便合理设计格局，制订科学开发区划。

## 5.1 样品采集与方法

### 5.1.1 样品采集与测定

　　根据袁州区土壤分布及实地勘探，以乡镇为基础确定采样点位置及合理的样点密度，采样布点时避开局部污染地区、岩石裸露地区、垃圾堆放地区及沟渠和新近堆积土地区，从农田、园地、林地、草地及山地丘陵土层较厚地带中采取。用不锈钢铲采取土壤样品，取样深度 0 ~ 20 cm，共采集 4000 个土壤样本（具体方法见表 5-1 和附录 A），土壤风干后拣去杂物及植物根系，在玛瑙研钵中研磨后采用 NY/T 1104—2006（附录 B）规定的方法进行测定，得到 3959 个土壤全硒值。采样点分布见书末彩插图 5-1。

表 5-1　土壤采样记录

| 样品登记号 | | 样品名称 | |
|---|---|---|---|
| 采样地点 | | 采样点数 | |
| 采样时间 | | 土壤所属单位 | |
| 采样现场简述 | | | |
| 土壤性状描述 | | | |
| 采样保存方式 | | | |
| 采集人 | | | |
| 负责人签字 | | | |

### 5.1.2　空间插值

在 ArcGIS 中根据 3959 个土壤样本点的经纬度对其进行投影，然后根据土壤样点的硒数值，采用克里金法进行插值，得到全区 100 m × 100 m 土壤硒含量分布图和各乡镇土壤硒含量分布图。

### 5.1.3　土壤硒含量分级

国内外学者对土壤硒状况已经做了很多研究报道，但对富硒土壤的含量界定尚没有统一的标准（张晓平，2000；杨礼茂，1998；王松山，2012）。李家熙等（1998）的研究给出了中国主要土壤类型中的硒质量分数范围，给定量评价土壤硒含量水平提供了参考依据，本书参照此标准并结合袁州区对土壤硒含量的实际测定进行了分级，得到土壤硒含量等值分布图，分级方法见表 5-2。

表 5-2　中国土壤硒含量分级

单位：mg/kg

| 含量分级 | 缺硒 | 少硒 | 足硒 | 富硒 |
|---|---|---|---|---|
| 全硒含量 | < 0.10 | 0.10～0.16 | 0.16～0.40 | > 0.40 |

### 5.1.4　数据统计

表格统计均在 Excel 软件中进行，空间统计分析利用 ArcGIS 软件的空间统计工具。

## 5.2 结果与分析

### 5.2.1 土壤中硒的含量

袁州区各乡镇土壤样点硒含量如表 5-3 所示。

**表 5-3　袁州区各乡镇土壤样点硒含量**

| 乡镇名 | 样品数 | 最小值 /（mg/kg） | 最大值 /（mg/kg） | 平均值 /（mg/kg） | 标准偏差 | 变异系数 /% |
|---|---|---|---|---|---|---|
| 柏木乡 | 149 | 0.002 | 0.54 | 0.11 | 0.08 | 72.73 |
| 彬江镇 | 260 | 0.030 | 0.53 | 0.20 | 0.09 | 45.00 |
| 慈化镇 | 269 | 0.020 | 0.48 | 0.19 | 0.09 | 47.37 |
| 飞剑潭乡 | 118 | 0.050 | 0.63 | 0.21 | 0.09 | 42.86 |
| 洪塘镇 | 301 | 0.001 | 0.70 | 0.17 | 0.16 | 94.12 |
| 湖田镇 | 129 | 0.005 | 0.58 | 0.16 | 0.11 | 68.75 |
| 金瑞镇 | 260 | 0.050 | 0.70 | 0.20 | 0.09 | 45.00 |
| 遐市乡 | 160 | 0.008 | 0.34 | 0.15 | 0.07 | 46.67 |
| 芦村镇 | 165 | 0.0001 | 0.50 | 0.16 | 0.10 | 62.50 |
| 南庙镇 | 185 | 0.006 | 0.70 | 0.17 | 0.14 | 82.35 |
| 楠木乡 | 128 | 0.040 | 0.67 | 0.20 | 0.09 | 45.00 |
| 三阳镇 | 136 | 0.004 | 0.97 | 0.15 | 0.14 | 93.33 |
| 水江乡 | 120 | 0.005 | 0.38 | 0.15 | 0.07 | 46.67 |
| 天台镇 | 289 | 0.020 | 0.82 | 0.20 | 0.09 | 45.00 |
| 渥江镇 | 99 | 0.003 | 0.59 | 0.21 | 0.13 | 61.90 |
| 西村镇 | 288 | 0.003 | 0.61 | 0.15 | 0.11 | 73.33 |
| 下浦街道 | 99 | 0.010 | 0.51 | 0.23 | 0.13 | 56.52 |
| 新坊镇 | 165 | 0.001 | 0.82 | 0.17 | 0.15 | 87.21 |
| 新田乡 | 210 | 0.010 | 1.03 | 0.21 | 0.13 | 61.90 |
| 寨下镇 | 289 | 0.001 | 0.64 | 0.19 | 0.13 | 68.42 |
| 竹亭镇 | 140 | 0.030 | 0.37 | 0.13 | 0.06 | 46.15 |
| 汇总 | 3959 | 0.0001 | 1.03 | 0.18 | 0.11 | 61.56 |

### 5.2.2 土壤硒空间分布特征

将插值后的袁州区土壤硒含量图按照表 5-2 进行分级，得到袁州区土壤硒含量等级图（见书末彩插图 5-2）。从图 5-2 中可看出，袁州区大部分范围为足硒（0.16 ~ 0.40 mg/kg）地区，缺硒地区主要分布在袁州区北部，如洪塘镇、柏木乡、三阳镇、芦村镇和寨下镇，温汤镇显示硒含量较低是由于温汤镇没有进行采样，在此不对温汤镇及洪江乡进行分析。富硒地区主要分布在中部和南部，主要为新田乡、渥江镇、南庙镇、彬江镇，分布零散无规律，另外在柏木乡、洪塘镇及寨下镇也存在部分富硒区，新田乡以西则没有富硒地区。

### 5.2.3 土壤硒含量的影响因素探讨

土壤是母质、母岩在生物、气候、地形等综合影响、作用下形成的自然综合体，成土过程及土壤基本性质直接影响着元素在土壤中的含量水平（席冬梅，2007）。为了寻找研究区土壤中硒含量与土壤性质的关系，本书探讨了土壤类型、土地利用方式、高程对土壤硒含量的影响。

#### 5.2.3.1 土壤类型

袁州区的土壤类型主要有山地草甸土、山地黄棕壤、山地黄壤、石灰土、水稻土、潮土及红壤 7 个土类。将采样点与土壤图进行叠加，统计得到的 3959 个采样点的主要土壤类型为潮土、红壤、水稻土和棕色石灰土，统计土壤硒含量并进行比较（表 5-4）。从表 5-4 中可以看出，采样点主要是红壤和水稻土，共计 3399 个，占总样本数的 85.86%。不同母质的土壤类型中硒含量存在一定的差异，其中红壤和棕色石灰土硒含量的最大值分别为 1.03 mg/kg、0.97 mg/kg。从最小值和最大值的统计来看，潮土的硒含量比较稳定，平均值最高，达 0.34 mg/kg，其变异系数最小，说明潮土的硒含量空间差异较小。红壤、水稻土和棕色石灰土的硒含量平均值相差不大，且变异系数均超过 60%，说明这 3 种土壤类型硒含量变异较大。

表 5-4　不同土壤类型硒含量比较

| 土壤类型 | 样品数 | 最小值 /（mg/kg） | 最大值 /（mg/kg） | 平均值 /（mg/kg） | 标准偏差 | 变异系数 /% |
|---|---|---|---|---|---|---|
| 潮土 | 26 | 0.18 | 0.51 | 0.34 | 0.13 | 38.24 |
| 红壤 | 1153 | 0.0001 | 1.03 | 0.18 | 0.12 | 66.67 |
| 水稻土 | 2246 | 0.001 | 0.7 | 0.18 | 0.11 | 61.11 |
| 棕色石灰土 | 534 | 0.001 | 0.97 | 0.17 | 0.12 | 70.59 |

#### 5.2.3.2　土地利用方式

硒含量在不同利用方式下存在较大差异，如表 5-5 所示，水作土壤主要为水田，旱作土壤主要为园地、林地、草地等。从平均值的比较上看，旱作土壤为 0.20 mg/kg，略高于水作土壤；最小值、最大值均表现为旱作土壤高于水作土壤，可见土壤的透水性和淋溶性对土壤硒含量有一定的影响，水分的流失会在一定程度上造成土壤中硒元素的流失。

表 5-5　不同土地利用方式硒含量比较

| 土地利用 | 样品数 | 最小值 /（mg/kg） | 最大值 /（mg/kg） | 平均值 /（mg/kg） | 标准偏差 | 变异系数 /% |
|---|---|---|---|---|---|---|
| 水作土壤 | 2100 | 0.0001 | 0.79 | 0.18 | 0.11 | 61.11 |
| 旱作土壤 | 1859 | 0.001 | 1.03 | 0.20 | 0.12 | 60.00 |

#### 5.2.3.3　高程

从采样点的采集信息中可以发现，采样点高程范围在（65 ～ 404] m，有研究表明，土壤硒含量与地形存在一定的关系。将高程按 50 m 的步长进行分级，统计不同等级内土壤硒的含量，得到表 5-6。从表 5-6 中可以看出，各高程级别土壤硒含量的平均值相差不大，在（250 ～ 300] m 范围中硒含量最高，（100 ～ 150] m 和（350 ～ 404] m 范围最低，值分别为 0.20 mg/kg 和 0.17 mg/kg。从变异系数的比较来看，随着高程的增加，土壤硒含量变异越大，可见随着高程的增加，土壤硒含量值差异性越大。

表 5-6 不同高程硒含量比较

| 高程 /m | 样品数 | 最小值 / （mg/kg） | 最大值 / （mg/kg） | 平均值 / （mg/kg） | 标准偏差 | 变异系数 /% |
|---|---|---|---|---|---|---|
| （65～100] | 385 | 0.001 | 0.59 | 0.19 | 0.11 | 57.89 |
| （100～150] | 2255 | 0.0001 | 1.03 | 0.17 | 0.11 | 64.71 |
| （150～200] | 847 | 0.00 | 0.97 | 0.18 | 0.11 | 61.11 |
| （200～250] | 258 | 0.00 | 0.63 | 0.18 | 0.10 | 55.56 |
| （250～300] | 103 | 0.00 | 0.67 | 0.20 | 0.14 | 70.00 |
| （300～350] | 40 | 0.00 | 0.62 | 0.19 | 0.14 | 73.68 |
| （350～404] | 71 | 0.00 | 0.70 | 0.17 | 0.16 | 94.12 |

## 5.3 小结

袁州区土壤中硒含量在 0.0001 ～ 1.03 mg/kg，平均值约为 0.18 mg/kg，部分地区达到富硒水平。研究区内平均值最高的乡镇为下浦街道办事处，值为 0.23 mg/kg；最低的为柏木乡，值为 0.11 mg/kg。土壤硒含量空间分布存在一定的特性，缺硒地区主要位于袁州区北部，富硒地区主要位于中部和南部，新田乡以西地区主要为足硒区。

不同土壤类型硒含量差异较大，潮土硒含量明显高于红壤、水稻土和棕色石灰土，且硒含量较稳定，空间变异性小。土地利用方式对硒含量影响较大，旱作土壤硒含量高于水作土壤。土壤硒含量的平均值与高程的变化无明显关系，但随着高程的增加，土壤硒含量空间变异性增大，说明高程越高，土壤硒含量越不稳定。

# 第六章　宜春市袁州区富硒农业规划实例

通过对宜春市袁州区土壤富硒资源的调查及分布分析，发现研究区域的硒资源丰富，多数属于足硒、富硒区域，但又不至于引起硒中毒症或硒缺乏症。同时，该区域属亚热带季风气候，光、热、水、温充分，生态自然环境优越，土壤中硒元素富集程度高，农业人口多，劳动力资源丰富，因此，土地适宜种植多种农产品，采用科学的田间管理，配备优良的土壤环境，具有极高的开发利用价值。本章根据研究区域丰富的土壤硒资源对该区域的农业产业进行规划研究，为区域农业的可持续发展及特色农业发展提供参考。

## 6.1　规划背景及必要性分析

### 6.1.1　规划背景

近年来,我国农业现代化加快推进,但各种风险和结构性矛盾也在积累聚集,突出表现在：农业资源偏紧和生态环境恶化、农业生产结构失衡、农业生产成本不断上升、产品供需错配、农业比较效益低与国内外农产品价格倒挂、市场机制运行不畅等，应对这些农业发展的现实挑战，必须加快转型方式、推进农业供给侧结构性改革。党的十八届三中、四中、五中全会就"三农"问题做出重大决策，提出推进中国特色农业现代化，大力发展现代农业产业融合，按照"高产、优质、高效、生态、安全"的要求，加快转变农业发展方式，推进农业科技进步和创新，加强农业物质技术装备，健全农业产业体系，推动农业产业融合发展。《中共中央关于制定国民经济和社会发展第十三个五年规划的建议》提出，加快转变农业发展方式，发展多种形式适度规模经营，着力构建现代农业产业体系、生产体系、经营体系，提高农业质量效益和竞争力，推进农村一二三产业融合发展，让农业成为充满希望的朝阳产业。

硒是人类生命必需的微量元素，被誉为"生命火种""抗癌之王""心脏的守护神""长寿元素"和"第21种氨基酸"等，具有抗氧化、抗衰老、提高机体免疫力、抑制肿瘤、修复细胞、拮抗重金属等多种对人体有益的功能。2015年，全国24个省（市、自治区）发现有天然富硒土壤，已具一定产业规模的主要有陕西、贵州、湖南、江西、安徽、四川、浙江、海南、山东、河北、黑龙江、重庆、江苏等。随着人们对食品营养要求的日益提高，功能性食品消费已进入快速发展期，补硒已成为一种养生之道。开发硒资源、利用硒资源、发展富硒产业既契合当前市场新需求，更是未来我国现代农业发展的新方向之一，富硒产业发展方兴未艾。

为深入贯彻落实江西省委、省政府"发展升级，小康提速，绿色崛起，实干兴赣"的方针，更好地发挥袁州区硒资源优势和生态优势，区委、区政府出台了《关于加快发展绿色有机和富硒农业的意见》，将涉农项目资金进行整合，向绿色有机、富硒农业倾斜，壮大绿色有机、富硒农业。本规划以建立特色富硒农产品基地为基础，以培育壮大富硒龙头企业为重点，以研发富硒产品为突破口，大力实施富硒品牌战略，打造袁州区富硒产业集群，推进一二三产业深度融合发展，提高农业整体效益，增加农民收入，改善区域生态环境，使袁州区富硒产业步入良性快速发展轨道。

### 6.1.2 规划必要性

（1）新常态下加快现代农业发展的需要

近年来，袁州区大力发展富硒产业，但与富硒产业发达地区相比，发展速度相对缓慢，主要表现在：①具有富硒特色的优质农产品规模小，市场占有率低；②农业区域性结构雷同，比较优势不突出；③缺乏龙头企业的带动，产、供、加、销一体化的经营模式尚未形成，农业整体效益不高。为此，在新常态下，有必要加快转变袁州区富硒产业发展方式，整合各种资源，综合解决发展中存在的突出问题。通过建设富硒农产品生产、加工基地，进行农业技术组装集成，大力推进科技开发与示范应用，以促进区域农业结构调整和富硒产业升级为主线，助推袁州区现代农业又好又快地发展。

（2）促进一二三产业融合发展的需要

建设现代农业，不仅要开发农业的农产品供给功能，还要注重挖掘资源，注重特色，提升农业的生态价值、休闲价值和文化价值，开发农业多种功能。本规划以重点项目为载体，培育发展绿色种植业、畜禽水产业、富硒农产品加工业，导入休闲、旅游和养生等功能的观光休闲农业，形成"一产接二连三"的互动型、融合性发展模式，拓宽延伸农业产业链条，让农民更多地分享产业链增值收益，促进袁州区一二三产业深度融合发展。

（3）打造绿色生态袁州，实现农业可持续发展的需要

坚持绿色发展，保障农产品质量安全，是建设现代农业的根本要求。硒资源是大自然赋予袁州区的宝贵财富，项目建设依托丰富的富硒土壤资源和水资源，发展壮大绿色有机、富硒农业，着力打造以温泉养生、休闲度假为主的乡村旅游产业，实现传统农业向现代农业的转型升级；大力推进高标准农田建设，改善农业生产条件和生态环境，实现袁州区农业可持续健康发展。

（4）推进富硒农业产业化经营的需要

依照市场的供求关系，根据发展现代农业的要求，项目建设以科技创新为依托、市场信息为导向、农业资源的高效持续利用为根本，积极培育新型经营主体，激发市场主体的活力，扩大优质富硒农产品的生产规模和市场占有率，发展富硒农产品精深加工，以项目带动、龙头拉动，以点带面实现农业产业化的扩张，实现袁州区农业跨越式发展。

（5）推动产、学、研、政紧密结合的需要

健全以政府为主导，以农民专业合作社等合作经济组织为载体，企业、高等院校和科研院所充分参与的机制，有效推动科研与生产相结合，提高科技成果转化率，示范推广农业新技术、新品种和新的管理模式，推动"产、学、研、政"的紧密结合。

## 6.2　规划依据

### 6.2.1　法律法规

①《中华人民共和国土地管理法》；

②《中华人民共和国农村土地承包法》；

③《中华人民共和国环境影响评价法》；

④《中华人民共和国土地管理法实施条例》；

⑤《基本农田保护条例》；

⑥其他有关的法律、法规等。

### 6.2.2 政策文件、通知

①《中共中央关于制定国民经济和社会发展第十三个五年规划的建议》（2015 年 10 月 29 日中国共产党第十八届中央委员会第五次全体会议通过）；

②《中共中央、国务院关于落实发展新理念加快农业现代化实现全面小康目标的若干意见》（中发〔2016〕1 号）；

③《国务院办公厅关于推进农村一二三产业融合发展的指导意见》（国办发〔2015〕93 号）；

④《中共江西省委关于制定全省国民经济和社会发展第十三个五年规划的建议》（2015 年 11 月 24 日中共江西省委十三届十二次全体会议通过）；

⑤《中共江西省委江西省人民政府关于加快转变农业发展方式建设现代农业强省的意见》（赣发〔2015〕15 号）；

⑥《中共宜春市委、宜春市人民政府关于进一步深化农村改革 加快推进现代农业建设的实施意见》（宜发〔2015〕2 号）；

⑦《关于加快发展绿色有机和富硒农业的意见》（宜办发〔2015〕5 号）；

⑧《宜春市袁州区人民政府印发〈关于加快袁州区乡村旅游发展的实施意见〉的通知》（袁府发〔2016〕4 号）。

### 6.2.3 相关规划

①《江西省国民经济和社会发展第十三个五年规划纲要》；

②《江西现代农业强省建设规划（2015—2025 年）》；

③《江西省"十二五"农业发展规划（2011—2015 年）》；

④《宜春市国民经济和社会发展第十三个五年规划纲要》；

⑤《宜春市农业发展"十二五"规划》；

⑥《宜春市土地利用总体规划（2006—2020 年）》；

⑦《袁州区土地利用总体规划（2006—2020 年）》。

### 6.2.4 其他资料

①《宜春年鉴》（2014）；

②耕地地力评价相关资料；

③相关部门提供的资料。

## 6.3　规划指导思想及原则

### 6.3.1　规划指导思想

全面贯彻落实党的十八届三中、四中、五中全会精神，以邓小平理论、"三个代表"重要思想、科学发展观为指导，深入贯彻习近平总书记系列重要讲话精神，坚持"创新、协调、绿色、开放、共享"的发展理念，以宜春市袁州区宝贵的富硒资源和良好的生态环境为依托，以加快转变富硒产业经济发展方式为主线，以促进农业增效、农民增收、农村增美为核心，以技术创新为动力，以项目带动为支撑，以产业建设为重点，大力发展富硒农业与富硒农产品开发，打造独具特色的富硒资源开发产业链，将富硒资源优势转化为富硒产业优势与经济优势，推动全区一二三产业深度融合发展，实现袁州富硒产业发展升级。

### 6.3.2　规划原则

（1）坚持因地制宜、科学规划的原则

以富硒自然资源为依托，综合考虑产业基础、区位优势、发展潜力、市场条件等因素，突出区域特点和地方特色，进一步整合富硒资源，依据富硒的不同含量选配农村产业结构和农业生产结构，并进行科学规划，统一实施，将富硒产业与城乡居民的健康需求、休闲娱乐需求紧紧结合起来，发展具有特色的富硒产业。

（2）坚持政府引导、市场运作的原则

充分发挥政府的引导和扶持作用，强化政府的综合服务功能，增加政府公共财政对富硒产业发展的扶持，引导和鼓励社会力量参与项目建设。遵循市场经济规律，充分发挥市场配置资源的基础性作用，尊重企业、经济合作组织和农户在发展现代特色富硒产业中的主体地位和经营决策权。

（3）坚持产业引领、项目带动的原则

充分考虑资源、技术、资金、人才等各种因素，优先发展具有相对比较优势的传统区域，并按照区域经济生态特点，发挥市场配置资源作用，形成科学合理的产业分工和布局。以重点项目为载体，搞好项目建设和开发，通过项目实施带动富硒产业开发。

（4）坚持科技先导、注重示范的原则

充分利用现有的科技优势，以项目建设和示范为重点，加强农业科研与应用，增强科技成果转化能力，加速农业实用技术和高新技术的推广应用，努力转变农业生产经营方式，提高农业科技进步贡献率和农业技术装备水平，发挥科技在富硒产业发展中的先导作用。

（5）坚持生态建设、可持续发展的原则

把富硒产业化发展与高标准农田建设、耕地保护、资源合理利用、生态环境治理有机结合起来，注重发展生态农业、循环农业、有机农业，实现袁州区经济效益、社会效益、生态效益的同步发展、和谐统一。

## 6.4 规划范围、期限、目标及主要内容

### 6.4.1 规划范围

袁州区全境，包括袁州区所辖 9 个街道、16 个镇、6 个乡，土地总面积 2532.36 km$^2$。

### 6.4.2 规划期限

规划期限为 2016—2020 年，2015 年为规划基期年，2020 年为规划目标年。

### 6.4.3 总体规划与具体目标

#### 6.4.3.1 总体规划

立足宜春市袁州区富硒资源优势，以有机农业、绿色农业、休闲观光农业为发展理念，通过富硒水稻、富硒油菜、富硒油茶、富硒蔬菜、富硒果茶、富硒中药材标准化生产、栽培示范，以及畜禽优良种质资源引进、改良和示范建设，辐射带动其他富硒区域农产品生产，使富硒产业着重向第二、第三产业发展。把富硒产业培育成为袁州区现代农业发展的新亮点、农业经济发展新增长点、农民增收的突破点，使富硒产业成为袁州区产业发展的新优势。

#### 6.4.3.2 具体目标

（1）产业结构调整优化与品牌建设目标

产业结构调整要以开发农业多功能为主要目标。粮油产业适当扩面，加大科技投入与富硒种植基地建设，重点发展富硒水稻、油菜、油茶等产业，逐步增加单产和提升质量；重点抓好引进高端蔬菜品种，稳定富硒蔬菜种植面积，转变生产方式，提升质量安全水平和效益；生态水果扩面，品种配置考虑养生保健与休闲观光，达到四季有果采；中药材扩面，以本地特色为主，适当发展

名贵中药材和药食两用型品种；打造"原生态富硒食品基地"，做强畜禽水产业，转变生产方式，加强基础设施建设，大力发展标准化规模养殖；提高种养殖农产品加工率，达到以生产促加工、以加工带生产的目的。规划到 2020 年，规划区积极创建绿色食品、有机食品、富硒食品等各类品牌 5～10 个。

（2）龙头企业培育目标

规划到 2020 年，规划区新增国家农业产业化龙头企业 1 家，省级农业产业化龙头企业 5 家，市级农业产业化龙头企业 10 家，省级示范合作社 5 家。

（3）新品种、新技术普及率等相关具体指标目标

规划到 2020 年，规划区种植基地设施化率达到 30% 以上，灌溉设施智能化率达到 80% 以上，节能率降低 20% 以上，绿色种植业生产机械化率有明显提高，蔬菜本地加工率达到 80% 以上；生产污水集中处理率达到 90%，规划区农民生活垃圾无害化处理率达到 100%；化肥施用量零增长，绿肥和有机肥施用量提高 20% 以上，测土配方施肥技术覆盖率达到 100%，农田废弃物回收率达到 100%；年科技成果转化 2 项以上，年培训新型职业农民 1000 人次以上。

（4）示范园带动辐射目标

规划到 2020 年，直接带动示范园农户 1 万户以上，辐射带动宜春市、江西省及周边农户 10 万户以上。

（5）农业功能拓展与乡村休闲旅游目标

在稳定农业的农产品供给、生活保障功能的基础上，积极拓展农业功能，加快农旅、产镇融合步伐,促进农村一二三产业融合发展和"五化"同步协调发展。规划到 2020 年，新创国家级休闲农业与乡村旅游示范点 2 个以上，年接待休闲农业与乡村旅游人数达到 150 万人次以上，年创产值 5 亿元以上。

### 6.4.4　规划主要内容

（1）产业规划

重点发展粮油产业、蔬菜产业、果茶产业、中药材产业、畜禽水产业、休闲农业与乡村旅游等产业。

（2）重点项目规划

规划重点项目 7 个，包括高标准农田建设项目、富硒绿色水稻—油菜基地建设项目、高标准设施蔬菜基地建设项目、富硒绿色高标准果茶基地建设项目、富硒中药材种植基地建设项目、休闲农业与乡村旅游项目、产品质量安全体系

建设项目。

（3）投资估算

规划总投资 234 380.00 万元。其中，申请财政资金 60 800.00 万元、银行贷款 68 000.00 万元、社会资本 105 580.00 万元，分别占总投资的 25.94%、29.01%、45.05%。

## 6.5 主要建设条件的优势分析

### 6.5.1 发展富硒特色农产品基础较好

袁州区依托丰富的富硒土壤资源，大力发展富硒产业，根据不同地域土壤富硒的情况，调整农产品结构，使极富地方特色的"保健产业"风生水起，已经开发出富硒鸡蛋、富硒大米、富硒水果、富硒蔬菜、富硒茶叶、富硒冷冻农产品等 10 多个富硒保健农产品。这些天然的富硒产品可为人们提供方便有效的补硒途径，受到广大消费者的青睐。

### 6.5.2 休闲农业与乡村旅游资源丰富

袁州区融合特色农业和富硒温泉资源，着力打造以温泉养生、休闲农业、生态度假为主的乡村旅游特色品牌，形成了以温泉养生和康体运动为主的南庙板块、以农业观光和农耕体验为主的西村板块、以山水观光和主题游乐为主的飞剑潭库区板块。截至 2015 年，全区已建成上规模的乡村旅游点 15 个、生态农家乐 55 家，其中 4A 级乡村旅游点 1 个、3A 级乡村旅游点 4 个。截至 2015 年，全区共接待乡村旅游 120 多万人次，实现乡村旅游综合收入 3.40 亿元，同比分别增长 17.0% 和 17.2%。休闲农业与乡村旅游产业在袁州区正呈喷薄之势。

### 6.5.3 政策发展环境良好

当前，国家聚焦聚力于推进"一带一路"和长江经济带等重大战略，生产力布局沿长江黄金水道和交通干线逐步向内陆腹地拓展，开拓了袁州区更广阔的发展空间。江西省"龙头昂起、两翼齐飞、苏区振兴、绿色崛起"的战略布局及宜春市做强中心城的战略实施为全区实现富硒产业升级发展提供了有利的政策支撑和外部环境，也为全区富硒产业发展提供了宝贵机遇。

## 6.6　重点内容规划

### 6.1　产业规划

#### 6.6.1.1　粮油产业

（1）发展思路

种植业：继续推进粮油生产内部结构调整，加大科技投入与富硒种植基地建设，重点发展富硒水稻、富硒油菜、富硒油茶等产业。规划到 2020 年，发展富硒粮油产业种植规模 120 万亩，包括富硒水稻 30 万亩、富硒油菜 10 万亩、富硒油茶 80 万亩。其中，富硒水稻 30 万亩主要布局在西村、天台、金瑞、洪塘、寨下等乡镇，着力建设优质绿色富硒水稻基地，推广测土配方施肥与节水灌溉等先进技术，加大农田水利基础设施建设和中低产田改造力度，逐步提高粮食单产和总产；富硒油菜 10 万亩主要布局在西村、天台、金瑞、洪塘、寨下等乡镇，切实加快杂交"双低、双高"油菜生产基地建设；富硒油茶 80 万亩主要布局在天台、西村、新田、遥市、金瑞、洪塘、慈化、竹亭、飞剑潭、彬江、湖田、三阳、寨下、水江、柏木、芦村等乡镇，加大油茶林新造、低改力度，建设高产富硒油茶林基地，实现集约化、产业化、规模化、标准化发展。

加工产业：依托本地现有加工企业大力发展富硒粮油加工业，发展无公害生态米和特种米加工业、食品加工业、油脂加工业及油茶加工产业，实现从粗加工向精加工、从单一产品向多元产品的转化，加快从粮食初级加工向高端食品制造业延伸，提升粮油加工业附加值。

（2）建设内容

建设内容主要包括高标准农田 5 万亩、富硒绿色高产优质水稻基地 5 万亩、富硒绿色油菜基地 5 万亩、中低产油茶林改造 5 万亩、新造高标准油茶林 3 万亩、油茶良种繁育基地 100 亩。

（3）建设目标

项目达产后，年繁育良种油茶苗 30 万株以上，年亩均产富硒水稻 1 吨以上，年亩均产富硒茶油 30 kg 以上，年亩均产富硒油菜籽 200 kg 以上；富硒粮油产品本地加工率达到 80% 以上，年加工产值约 40 亿元。

#### 6.6.1.2　蔬菜产业

（1）发展思路

种植业：立足资源区位优势，实施错位发展战略。重点抓好引进高端蔬菜品种（黑木耳、山药、芦笋、人参菜），稳定富硒蔬菜种植面积，转变生产方式，提升质量安全水平和效益；加强基础设施建设，抓住现代化种苗生产、规模化基地建设、标准化菜园创建、组织化生产经营等关键环节，全面发展无公害蔬菜，大力发展绿色蔬菜，适度发展有机蔬菜；全面实行标准化生产，菜农严格按标准组织生产，生产采标率达到 95% 以上。优质蔬菜比重达到 85%，加强生产环节质量安全监管，严禁违禁农药、化肥和各种化学药剂的使用，推广使用生物肥和安全制剂；实施品牌化发展战略，推进蔬菜产业发展。规划到 2020 年，富硒蔬菜种植面积稳定在 2 万亩，主要布局在西村、洪塘、新田、彬江、新坊、南庙、寨下等乡镇。

加工业：蔬菜加工种类按市场供求关系和种植产量确定，主要包括辣椒等，主要依托现有龙头企业加大蔬菜加工企业的建设力度，促进蔬菜龙头企业的发展，重点扶持 1～2 家蔬菜加工企业。规划到 2020 年，市级以上蔬菜龙头企业达到 1 家以上，产业化经营率达到 80% 以上，产品深加工率达到 50% 以上。

（2）建设内容

建设内容主要包括建设高标准蔬菜基地 1 万亩、设施蔬菜基地 1 万亩、智慧型蔬菜园区 2 个（500 亩 / 个）、种苗繁育基地 50 亩、5000 吨蔬菜冷藏库、蔬菜电子商务平台等。

（3）建设目标

项目建成达产后，年繁育蔬菜种苗 1000 万株以上，亩均年产蔬菜 6 吨；蔬菜本地加工率达 80% 以上。

6.6.1.3　果茶产业

（1）发展思路

种植业：规划到 2020 年，富硒果茶产业种植面积达到 3 万亩，其中富硒茶 1 万亩、富硒水果 2 万亩。以彬江镇为重点，建设生态水果种植和产业化基地；建设产地保鲜贮藏库，开发生物保鲜技术，提高采后清洗、分级、预冷、杀菌、打蜡、包装等商品化处理程度，加大冷藏运输等基础设施建设。茶叶种植以宜春市禅茶实业有限公司为龙头，在温汤镇的明月山、仰山及其周边地区建设万亩高产优质生态富硒茶叶禅茶基地，塑造"明月山禅茶文化"品牌。

加工业：水果以鲜销为主；茶叶以宜春市禅茶实业有限公司为龙头，实现种植—加工—销售的一条龙。

（2）建设内容

建设内容主要包括富硒绿色高标准茶叶基地改造 0.50 万亩、新建富硒绿色高标准茶叶基地 0.50 万亩、富硒中低产水果基地改造 1 万亩、新建富硒绿色高标准水果基地 0.50 万亩、5000 吨水果冷藏保鲜库等。

（3）建设目标

项目达产后，年亩均产富硒鲜茶 1 吨，年亩均产富硒时鲜水果 2.50 吨。

6.6.1.4　中药材产业

（1）发展思路

种植业：着力推动中药材种植的专业化、规模化与标准化，建设中药材 GAP 种植基地，大力发展中药材生产专业合作社，以专业合作社带动基地发展。规划到 2020 年，发展富硒中药材种植规模 5 万亩，主要布局在天台、新坊、南庙、楠木等乡镇。

加工业：依托医药工业基地，着力提高中药材精深加工水平。

（2）建设内容

建设内容主要包括中低产中药材基地改造 0.50 万亩、新建高标准富硒中药材种植基地 4.50 万亩、改造升级日产 1 吨的加工生产线 2 条、新建日产 1 吨的加工生产线 2 条。

（3）建设目标

项目达产后，中药材基地亩均年产药材 1 吨。

6.6.1.5　畜禽水产产业

（1）发展思路

养殖业：形成包括畜禽水产饲料供应、育种、养殖、屠宰、精深加工、集散交易在内的完整的产业链条。围绕"生态、富硒、有机"品牌，优化产业结构，打造"原生态富硒食品基地"，做强畜禽水产业，转变生产方式，加强基础设施建设，大力发展标准化规模养殖；优化区域布局，推进种养结合，强化废弃物综合利用，实现畜牧水产生产与生态环境的协调发展；完善良种繁育、疫病防控、质量安全监管等配套服务体系，扶持龙头企业，发展现代化屠宰加工，实施品牌战略，促进产业科学发展。以湖田、南庙、新坊、下浦、新田、西村、三阳、柏木、洪塘、金瑞、渥江、芦村、寨下、天台等地为重点，建设优质肉猪生产示范基地；发展富硒养殖水面 6 万亩，利用水库和池塘发展无公害特种水产品养殖，推广稻田养鱼等生态种养殖技术。

加工业：依托农产品加工基地，着力提高富硒畜禽水产精深加工水平。以袁州松花皮蛋厂为龙头，加大富硒松花皮蛋生产能力；大力发展猪肉、牛肉加工，积极开发富硒禽肉和水产品加工，发展富硒低温保鲜肉、冷却肉和熟食肉制品；加大对动物油脂、皮毛、骨等副产品综合利用技术研发、项目建设的扶持力度，开发制革、化工、医药保健等功能，拓宽产业增值空间。在规划期内重点扶持2～3家加工企业，规划到2020年，市级以上龙头企业达到3家以上，产品加工率达到80%以上。

（2）建设内容

建设内容主要包括生猪圈舍改造2万m²、新建标准化生猪圈舍5万m²、新建标准化家庭猪庄50个、千头标准化肉牛养殖场2个、万羽家禽标准化基地10个、富硒精养鱼塘2000亩、畜禽水产良种繁育基地5个（20亩/个）、万吨肉类冷藏保鲜库、生鲜畜禽肉交易市场100亩、中小型沼气池100处、大型沼气池10处、年产10万吨有机肥加工厂1个等。

（3）建设目标

规划到2020年，年繁育良种生猪120万头以上、繁育肉牛2万头以上、繁育家禽300万羽以上；年出栏富硒生猪100万头、出栏肉牛1万头、出笼家禽200万羽、水产品12万吨；本地畜禽屠宰率达到80%以上；规模养殖场粪污资源化利用率90%以上。

#### 6.6.1.6　休闲农业与乡村旅游

（1）发展思路

按照"建园区带旅游，兴产业促增收"的现代农业发展思路，坚持"统筹城乡，五化互动，围绕生态、服务旅游、低碳发展"的理念，以农业产业为依托，大力发展休闲农业与乡村旅游，促进包括观光、采摘、度假、民俗活动等在内的各种业态全面发展，积极拓展农业多功能，实现农村产业有机结合，全面提升农业价值。

（2）建设内容

建设内容主要包括白马农庄、梅花山庄、邀月山庄、金泉农庄、东升有机农场、枫叶山庄、壹品农庄、元博山庄、蓝玉蓝莓基地、博明雨花园林、金桥水上人家等20个休闲农庄的升级改造；新建休闲农庄20个，创建休闲旅游基地2万亩；新建智慧型休闲旅游家庭农场10个。

（3）建设目标

规划到 2020 年，新创国家级休闲农业与乡村旅游示范点 2 个以上；年接待休闲农业与乡村旅游人数达到 150 万人次以上，年创产值 5 亿元以上。

### 6.6.2　节能减排与生态环境保护规划

#### 6.6.2.1　节能减排规划

（1）规划原则

①遵循"减量化、再利用、再循环、再思考"的 4R 原则；

②坚持发展绿色循环农业，资源合理利用的原则；

③坚持结构调整、技术进步与加强管理相结合的原则；

④坚持资源回收利用，促进可持续发展的原则。

（2）规划目标

规划到 2020 年，规划区种植基地设施化率达到 30% 以上，灌溉设施智能化率达到 80% 以上，节能率降低 20% 以上，绿色种植业生产机械化率有明显提高。

（3）建设内容

①推广节肥节药节水技术。推广应用测土配方施肥技术，鼓励农户增施有机肥、种植绿肥，科学施用化肥，提高肥料利用率。科学合理使用高效、低毒、低残留农药和先进施药机械，建立多元化、社会化病虫害防治专业服务组织，实行统防统治，大力推广物理防治、生物防治技术，提高综合防治水平。发展喷灌、滴灌等节水灌溉技术，推广水肥一体化技术，提高水肥利用率。

②积极推进节能农业机械。加强节能农业机械的推广应用，强化农业机械设备的能耗检测，加快推进以节能减排为主要目标的设备更新技术改造，引导农户采用有利于节能环保的新设备、新工艺、新技术，淘汰"跑、冒、滴、漏"的农业机械，提高生产效率，倡导清洁生产。

③推进种植制度高产节能。加强绿色高产种植措施的集成配套，减少高能耗、低效率的种植环节，建立节能型高产种植制度。采取政府引导、企业带动、市场运作的方式，推广应用厚度不低于 0.008 mm 的地膜，严格限制使用超薄地膜。鼓励和引导农户回收利用地膜，逐步建立使用、回收、再利用等环节相互衔接的废旧地膜回收利用机制。

④重视富硒农副产品的资源化处理。对富硒农产品进行深度加工，将加工后形成的副产品及有机废弃物进行无害化、资源化处理，化害为利，变废为宝，

进行系列开发、深度加工。

6.6.2.2　生态环境保护规划

（1）规划原则

①坚持保护与节约并举，促进自然资源有序利用的原则；

②坚持综合治理、突出重点的原则；

③坚持综合利用农业生产及居民生活废弃物，实现可持续发展的原则；

④坚持发挥科技优势，依靠科技进步的原则；

⑤坚持建设与管护并重的原则；

⑥坚持政府支持和群众参与相结合的原则。

（2）规划目标

规划到 2020 年，生产污水集中处理率达到 90%，规划区农民生活垃圾无害化处理率达到 100%；化肥施用量零增长，绿肥和有机肥施用量提高 20% 以上，测土配方施肥技术覆盖率达到 100%，农田废弃物回收率达到 100%。

（3）建设内容

①防止农作物污染，确保农产品安全。实施"两减"行动，加强农药和化肥环境安全管理，推广高效、低毒和低残留化学农药。禁止在蔬菜、水果、粮食等生产中使用高毒、高残留农药。防止不合理使用化肥、农药、农膜和超标污灌带来的化学污染和面源污染，保证农产品安全。

②土壤污染防治。土壤污染防治作为农村生态环境污染防治的重点，应禁止或限制工业固体废弃物向规划区转移，从源头上切断土壤污染源。加强富硒土壤修复工程建设，积极开展测土配方施肥技术，改善规划区富硒土壤现状，提高土壤硒含量。

③加强生产基地环境监测管理。与区环保局加强合作，通过现有的检测条件，开展土壤、大气、水资源的定期检测与不定期抽检，采取综合监测管理，确保规划区环境达标。

④袁河流域农田生态环境保护与治理。袁河流域水土流失严重地区开展综合治理和农田整治工程，以工程治沟、生物治坡、保护栽培为手段，以塘坝蓄水、田埂拦水、管道输水、地膜保水为途径，控制水土流失，提高水资源的利用率。

⑤农村废弃物综合整治。生活垃圾处理与资源化。集中清理陈年生活垃圾，重点清理村庄路边、河边桥头、坑塘沟渠等地方堆放的生活垃圾。区内生活垃圾以垃圾收集点和清洁工人上门收集为主，垃圾收集点按照分类收集要求设置。

区内畜禽粪便利用沼气池制气作为气源和农业堆肥，沼渣、沼气和废渣等作为农业堆肥使用。着力改善农村生态环境，为袁州区休闲农业与乡村旅游发展提供有利的外部环境。

### 6.6.3　配套体系规划

#### 6.6.3.1　高标准农田建设规划

（1）规划原则

根据自然环境、经济社会条件、土地的适宜性等情况，因地制宜，科学设计，合理布局，规范管理。

（2）规划目标

适应富硒产业发展和改善生产生活条件的需要，因地制宜，突出重点，合理安排土地平整、农田水利、田间道路、生态防护与环境保持等工程，做到布局科学、合理。规划到 2020 年，建成高标准农田 5 万亩。

（3）建设内容

①土地平整工程。规划土地平整总面积为 1 万亩，布局在西村、天台、金瑞、洪塘、寨下等乡镇。标准是土层厚度达到 60 cm 以上，土壤耕作层 30 cm 以上；整理成条田，设计田埂为梯形，上宽 0.20 m，下宽 0.40 m，高出田面 0.20 m，素土夯实，达到土壤保土、保水、保肥的要求。将田块高差在 0.3 m 以下、长 60～120 m、宽 20～40 m 杂乱的零散丘块合并为大田块，按长 60～120 m、宽 20～40 m 设置田埂，合理建设机耕路、渠道、机械下田设施并留足机械调头位置。

②农田水利工程。规划对区域内的病险水库进行除险加固，整修山塘、河坝、机埠等，新建灌排渠道、斗渠、农渠、斗沟、农沟、渠系构筑物工程等。规划布局在西村、天台、金瑞、洪塘、寨下等乡镇。重点推广示范喷灌技术、滴灌技术和水肥一体化技术，实现灌溉自动化，节约水源，节省劳力，保护土壤，达到节水、节工、节肥、高产、优质的目标。

③田间道路工程。结合通畅工程和美丽乡村建设，对示范基地内的道路进行提质改造、拓宽路幅、硬化路面，规划长度为 1000 km。规划布局在西村、天台、金瑞、洪塘、寨下等乡镇。

④生态防护与环境保持工程。规划建设堤岸防护工程和下田坡道等工程，规划堤岸防护工程长 2000 km，下田坡道 1000 处。规划布局在西村、天台、金瑞、洪塘、寨下等乡镇。

### 6.6.3.2 信息通信网络建设规划

（1）规划原则

树立"互联网＋"思维，运用农业物联网技术对袁州区富硒产业提档升级，按照"统一标准、统一平台、统一数据库、统一网络"的要求，建好富硒产业综合信息服务平台、富硒农副产品电子商务平台，建成"技术先进、信息集成、管理高效"的富硒产业信息化管理系统，加快智慧富硒产业的建设步伐。

（2）规划目标

规划到 2020 年，建成袁州区富硒产业综合信息服务平台和电子商务平台，培育 5 家富硒农副产品电子商务企业，推广应用农业物联网技术，信息服务体系建设成效明显，信息化服务水平显著提高。

（3）建设内容

①富硒产业综合信息服务平台。建设袁州区富硒产业综合信息服务平台，及时发布和传递国内外市场的富硒农副产品需求状况、供应状况、价格走向及主要农业投入品的价格、供应状况等信息，使之成为面向外界的窗口，宣传袁州的平台，实现资讯的无障碍传输和流动。规划布局在灵泉街道。

②富硒农副产品电子商务平台。大力发展电子商务，培育 5 家富硒农副产品电子商务企业，努力打造袁州富硒产业第三方电子商务交易平台。规划布局在灵泉街道。

③智慧富硒产业建设。利用农业物联网技术对富硒农产品生产过程进行环境监测、远程监控、自动控制和质量追溯，实现管理数字化、溯源化，达到科学管理、节约成本、提高效益的目标，实现信息惠民、信息富农、信息兴产业。规划布局在灵泉街道。

④信息服务体系建设。继续实施"宽带袁州"战略,加快宽带向农村推广普及,加快三网融合，提高信息化服务水平，扩大信息消费。规划布局在袁州区全境。

### 6.6.3.3 科技支撑体系建议规划

（1）规划原则

将科技摆在优先发展的战略地位，把加快农业科技进步作为加快袁州富硒产业发展和提高农业综合效益的根本措施，坚持引进与开发、示范与推广相结合，增强富硒产业市场竞争力。

（2）规划目标

加强与江西省农业科学院、江西农业大学、宜春学院等科研院所的合作，开展优良富硒作物新品种、新技术的引进、研发、试验、示范。规划到 2020 年，科技对富硒产业的贡献率达到 65% 以上。

（3）建设内容

①袁州富硒产业工程技术研究中心。依托国内外技术优势，通过产学研发展机制，由政府认证企业对富硒水稻、富硒蔬菜、富硒油菜、富硒水果等进行功能食品、保健食品和旅游食品的定向研发和生产。规划建设袁州富硒产业工程技术研究中心 1 处，面积为 0.50 万 m²，并进行相关设施设备配套和建设相关辅助设施。规划布局在珠泉街道。

②硒产业技术培训中心。规划建设集技术信息交流、教育培训、招商引资、技术推广于一体的富硒产业技术培训中心，规划建设面积 0.50 万 m²。规划布局在珠泉街道。

### 6.6.3.4　产品质量安全建设规划

（1）规划原则

坚持优质、高产、高效、绿色、生态、安全的原则，不断提升富硒农副产品的质量安全水平。

（2）规划目标

规划到 2020 年，建成袁州富硒农产品质量安全信息服务平台 1 个，建设区级富硒产品质量检测中心 1 个，乡镇级富硒农产品综合监测点 2 个，同时对产品的富硒含量进行地方标准认证，制定袁州富硒农产品标准化生产地方标准 1 个。

（3）建设内容

①富硒产品质量检测中心。规划在灵泉街道建立富硒产品质量检测中心 1 个，主要承担土壤、蔬菜、水果、加工产品等样品中硒含量的测定，维生素、糖、纤维、脂肪、淀粉、蛋白质、氨基酸等营养物质的品质测定，承担地下水、地表水质分析及硝酸盐测定等农业环境监测。规划建设富硒产品质量检测中心大楼 0.50 万 m²，并进行设施设备配套和相关辅助设施建设。

②质量安全信息服务平台建设。规划建成袁州富硒农产品质量安全信息服务平台 1 个，加强富硒农产品信息库建设，利用先进的网络技术，搞好市场信息的收集、整理和发布，建设富硒农产品质量安全信息共享系统。规划布局在灵泉街道。

③富硒农产品综合监测点。规划建设富硒农产品综合监测点 2 个，主要从事富硒农产品生产、质量安全、市场行情、主要投入品市场行情等情况的综合

监测，开展富硒农副产品质量安全溯源工作。规划布局在彬江镇和新田乡。

### 6.6.3.5 品牌建设规划

（1）规划原则

实施袁州区富硒产业地域品牌、企业品牌、商品品牌"三位一体"的品牌发展战略，积极创建绿色、有机、富硒农产品品牌，打造富硒区域品牌。

（2）规划目标

规划到 2020 年，新增国家农业产业化龙头企业 1 家，省级农业产业化龙头企业 5 家，市级农业产业化龙头企业 10 家，省级示范合作社 5 家；培育壮大特色富硒农产品品牌 5～10 个。

（3）主要建设内容

①品牌主体建设。利用富硒资源优势和优惠政策，鼓励扶持行业协会、龙头企业、生产经营主体，注册商标，培育自主品牌。规划新增国家农业产业化龙头企业 1 家，省级农业产业化龙头企业 5 家，市级农业产业化龙头企业 10 家，省级示范合作社 5 家。

②品牌培育规划。成立袁州区富硒产业协会，加强名优产品评选、农产品地理标志认证、商标注册和著名商标保护等工作，培育壮大特色富硒农产品品牌 5～10 个，同时，加大对富硒农产品品牌的宣传力度，举办"袁州区富硒农副产品文化节"，不断提高袁州区富硒农副产品的知名度和美誉度。

### 6.6.3.6 冷链物流与市场营销建设规划

（1）规划原则

立足区位优势，按照快捷、高效、经济、科学、合理的原则布局物流配送中心和市场营销体系。

（2）规划目标

规划到 2020 年，建成以袁州区富硒农副产品批发市场为主体，以商超、电子商务、农产品交易为补充，布局合理、结构优化、功能齐备的农产品市场体系，实现市场功能明显增强、经营能力有效提高、流通效率显著提升。

（3）建设内容

①冷链物流体系建设。加快富硒产业物流体系建设，规划新建大型农产品仓储物流市场 1 个，规划布局在秀江街道。培育以富硒农副产品跨区域调动和农产品运输为主的物流中心，培育物流龙头企业 2 家，成立袁州区富硒产业物流业协会。

②市场营销网络建设。建设袁州区富硒农副产品批发市场1个，占地面积1000亩，打造我国南方的富硒农副产品物流集散中心、信息交易中心，规划布局在秀江街道。开拓网络、电商等直销新渠道，减少流通环节，提高市场竞争力。大力组织生产经营主体"走出去"，组织名牌农产品参加中国国际农产品交易会、江西鄱阳湖绿色农产品（深圳）展销会、江西鄱阳湖绿色农产品（上海）展销会等。

### 6.6.4　重点项目规划内容

#### 6.6.4.1　重点项目筛选原则

（1）注重富硒产业"转型升级"的要求

重点项目谋划和筛选，要以"调结构、促转型"为重点。重点建设一批技术含量高、示范引领作用强、经济社会效益好，既能有效带动全区近期富硒产业升级发展，又能为长远发展增后劲的重点项目。

（2）注重与各类各级规划的衔接

要与"十三五"时期各部门重点规划确定的目标、任务和发展方向相衔接，突出"十三五"规划期的阶段性目标和任务；要与宜春市及袁州区"十二五"重点建设项目相衔接，保持重点项目建设的连续性；要与袁州区土地利用总体规划相衔接，科学合理布局项目。

（3）注重重点项目的可行性论证

所筛选的重点项目必须是对袁州区富硒产业发展有重大影响或带动作用的项目；优先筛选符合国家产业政策，符合省、市富硒产业发展的有关要求，不得将"两高一资"、产能过剩项目纳入规划，防止低水平重复建设；广泛征求有关部门、新型经营主体及农户的意见和建议，确保重点项目建设的可行性。

（4）注重要素保障和规划的严肃性

坚持可持续发展的原则，统筹考虑资金、资源、土地、环境容量等要素对重点项目建设的支撑能力，对纳入富硒产业建设的重点项目，相关部门要优先办理项目审核手续，确保重点项目有序开展，保证规划的严肃性。

#### 6.6.4.2　重点项目规划

高标准农田建设项目、富硒绿色水稻—油菜基地建设项目、高标准设施蔬菜基地建设项目、富硒绿色高标准果茶基地建设项目、富硒中药材种植基地建设项目、休闲农业与乡村旅游项目、产品质量安全体系建设项目。规划总投资125 000.00万元（表6-1）。

表6-1　重点项目规划

| 序号 | 项目名称 | 建设性质 | 建设地点 | 主要建设内容 | 建设规模/万亩 | 总投资及构成/万元 | | | | 建设时间 |
|---|---|---|---|---|---|---|---|---|---|---|
| | | | | | | 小计 | 财政 | 信贷 | 社会资金 | |
| 1 | 高标准农田建设项目 | 新建 | 西村、天台、金瑞、洪塘、寨下等乡镇 | 土地适度平整、灌排系统、路桥系统、生态防护、耕地培肥等工程 | 5 | 15 000.00 | 5000.00 | 0.00 | 10 000.00 | 2016—2020年 |
| 2 | 富硒绿色水稻—油菜基地建设项目 | 新建 | 西村、天台、金瑞、洪塘、寨下等乡镇 | 建设富硒绿色高产优质水稻基地5万亩,富硒绿色油菜基地5万亩,龙头企业与专业合作社培育,粮油高产先进适用技术培训等 | 10 | 30 000.00 | 5000.00 | 8000.00 | 17 000.00 | 2016—2020年 |
| 3 | 高标准设施蔬菜基地建设项目 | 新建 | 西村、洪塘、新田、彬江、南庙、新坊、寨下等乡镇 | 建设高标准设施蔬菜基地1万亩,龙头企业和专业合作社培育、蔬菜先进适用技术培训等 | 1 | 20 000.00 | 5000.00 | 2000.00 | 13 000.00 | 2016—2020年 |

续表

| 序号 | 项目名称 | 建设性质 | 建设地点 | 主要建设内容 | 建设规模/万亩 | 总投资及构成/万元 | | | | 建设时间 |
| | | | | | | 小计 | 财政 | 信贷 | 社会资金 | |
| 4 | 富硒绿色高标准果茶基地建设项目 | 新建 | 彬江镇、温汤的明月山、仰山及其周边地区 | 建设富硒绿色高标准茶叶基地 0.50 万亩、富硒绿色高标准水果基地 0.50 万亩，建设产地保鲜贮藏库，龙头企业与专业合作社培育、果茶先进适用技术培训等 | 1 | 8000.00 | 2000.00 | 2000.00 | 4000.00 | 2016—2020 年 |
| 5 | 富硒中药材种植基地建设项目 | 改扩建 | 天台、新坊、南庙、楠木等乡镇 | 中低产中药材基地改造 0.50 万亩、新建富硒标准中药材种植基地 4.50 万亩，龙头企业与专业合作社培育、中药材先进适用技术培训等 | 5 | 20 000.00 | 5000.00 | 8000.00 | 7000.00 | 2016—2020 年 |

续表

| 序号 | 项目名称 | 建设性质 | 建设地点 | 主要建设内容 | 建设规模/万亩 | 总投资及构成/万元 | | | | 建设时间 |
| --- | --- | --- | --- | --- | --- | --- | --- | --- | --- | --- |
| | | | | | | 小计 | 财政 | 信贷 | 社会资金 | |
| 6 | 休闲农业与乡村旅游项目 | 新建 | 温汤、南庙、彬江、西村等乡镇 | 升级改造休闲农庄20个；新建休闲农庄20个，创建休闲旅游基地2万亩；新建智慧型休闲旅游游家庭农场10个 | — | 30 000.00 | 1000000 | 9000.00 | 11 000.00 | 2016—2020年 |
| 7 | 产品质量安全体系建设项目 | 新建 | 中心城区、彬江、新田 | 建设富硒产品质量安全检测中心1个，建设富硒产品质量检测中心大楼0.50 m²，并进行相关辅助设施建设；建成袁州区富硒产品质量安全信息服务平台1个；建设乡镇级富硒农产品综合监测点2个，并配置相关仪器设施等 | — | 2000.00 | 800.00 | 500.00 | 700.00 | 2016—2020年 |
| | 合计 | | | | | 125 000.00 | 32800.00 | 29 500.00 | 62 700.00 | |

（1）高标准农田建设项目

项目建设规模5万亩，规划布局在西村、天台、金瑞、洪塘、寨下等乡镇。主要建设内容包括土地适度平整、灌排系统、路桥系统、生态防护、耕地培肥等工程。规划投资15 000.00万元。

（2）富硒绿色水稻—油菜基地建设项目

项目建设规模10万亩，其中建设富硒绿色高产优质水稻基地5万亩、富硒绿色油菜基地5万亩，规划布局在西村、天台、金瑞、洪塘、寨下等乡镇。重点推广粮油高产先进适用技术，推动粮油产业向专业化、商品化、产业化方向发展。规划投资30 000.00万元。

（3）高标准设施蔬菜基地建设项目

项目建设规模1万亩，规划布局在西村、洪塘、新田、彬江、新坊、南庙、寨下等乡镇。重点建设蔬菜大棚、喷滴灌等基础设施，推广应用蔬菜先进适用技术培训、龙头企业和专业合作社培育等。规划投资20 000.00万元。

（4）富硒绿色高标准果茶基地建设项目

项目建设规模1万亩，其中建设富硒绿色高标准茶叶基地0.50万亩，富硒绿色高标准水果基地0.50万亩，水果重点布局在彬江镇，茶叶重点布局在温汤镇的明月山、仰山及其周边地区。重点建设产地保鲜贮藏库、龙头企业与专业合作社培育、果茶先进适用技术培训等。规划投资8000.00万元。

（5）富硒中药材种植基地建设项目

项目建设规模5万亩，其中包括中低产中药材基地改造0.50万亩、新建高标准富硒中药材种植基地4.50万亩，规划布局在天台、新坊、南庙、楠木等乡镇。规划投资20 000.00万元。

（6）休闲农业与乡村旅游建设项目

规划布局在温汤、南庙、彬江、西村等乡镇，规划升级改造休闲农庄20个；新建休闲农庄20个，创建休闲旅游基地2万亩；新建智慧型休闲旅游家庭农场10个。规划投资30 000.00万元。

（7）产品质量安全体系建设项目

项目建设富硒产品质量安全检测中心1个，建设富硒产品质量检测中心大楼0.50万㎡，并进行相关辅助设施建设；建成袁州富硒农产品质量安全信息服务平台1个；规划在彬江、新田各建设1个乡镇级富硒农产品综合监测点，并配置相关仪器设施等。规划投资2000.00万元。

## 6.7 投资估算与效益分析

### 6.7.1 投资估算与资金筹措

#### 6.7.1.1 投资估算

（1）投资估算依据

项目投资估算根据《投资项目可行性研究指南》，在最佳建设规模、技术方案、品种方案及项目实施进度和市场预测基础上进行，主要依据有：

①发展改革委发布的《投资项目可行性研究指南》所规定的投资估算范围和统一取费参数，递延资产、无形资产均计入项目总投资。

②《建设项目经济评价方法与参数》第三版。

③国家对农业建设项目的优惠政策规定，本项目固定资产投资方向调节税率为零。

④设施设备购置以当前市场价格为主要依据。

⑤土建工程费用主要依据当地竣工的类似建（构）物单位造价及项目建设要求的指标估算。

⑥工程建设其他费用，依据本工程建设条件和特点，当地政府部门的规定和实际发生的费用进行估算。

⑦按照投资估算构成要素，总投资包括产业投资、配套体系建设投资、其他费用（包括规划勘测设计费、招标监理费、办公家具及开办费等）和预备费等。

（2）总投资估算

总投资 234 380.00 万元，其中产业投资 186 180.00 万元，配套体系建设投资 27 200.00 万元；其他费用 14 000.00 万元；预备费 7000.00 万元（表 6-2）。

表 6-2  投资估算

| 序号 | 主要建设内容 | 单位 | 建设规模 | 单价/(元/单位) | 投资额/万元 |
|---|---|---|---|---|---|
| 一 | 产业 | | | | 186 180.00 |
| （一） | 粮油产业 | | | | 47 100.00 |
| 1 | 高标准农田 | 亩 | 50 000 | 3000.00 | 15 000.00 |
| 2 | 富硒绿色高产优质水稻基地 | 亩 | 50 000 | 2000.00 | 10 000.00 |
| 3 | 富硒绿色油菜基地 | 亩 | 50 000 | 2000.00 | 10 000.00 |

续表

| 序号 | 主要建设内容 | 单位 | 建设规模 | 单价/（元/单位） | 投资额/万元 |
|---|---|---|---|---|---|
| 4 | 中低产油茶林改造 | 亩 | 50 000 | 1000.00 | 5000.00 |
| 5 | 新造高标准油茶林 | 亩 | 30 000 | 2000.00 | 6000.00 |
| 6 | 油茶良种繁育基地 | 亩 | 100 | 5000.00 | 50.00 |
| 7 | 新型经营主体与专业大户培育 | | | | 550.00 |
| 8 | 其他设施设备 | | | | 500.00 |
| （二） | 蔬菜产业 | | | | 26 130.00 |
| 1 | 高标准蔬菜基地建设 | 亩 | 10 000 | 4000.00 | 4000.00 |
| 2 | 设施蔬菜基地 | 亩 | 10 000 | 20 000.00 | 20 000.00 |
| 3 | 智慧型蔬菜园区 | 个 | 2 | 3 000 000.00 | 600.00 |
| 4 | 种苗繁育基地 | 亩 | 50 | 6000.00 | 30.00 |
| 5 | 蔬菜冷藏库 | 吨 | 5000 | 1000.00 | 500.00 |
| 6 | 新型经营主体与种植大户培育 | | | | 500.00 |
| 7 | 其他设施设备 | | | | 500.00 |
| （三） | 果茶产业 | | | | 8000.00 |
| 1 | 富硒绿色高标准茶叶基地改造 | 亩 | 5000 | 2000.00 | 1000.00 |
| 2 | 新建富硒绿色高标准产茶叶基地 | 亩 | 5000 | 3000.00 | 1500.00 |
| 3 | 富硒中低产水果基地改造 | 亩 | 10 000 | 2000.00 | 2000.00 |
| 4 | 新建富硒绿色高标准水果基地 | 亩 | 5000 | 4000.00 | 2000.00 |
| 5 | 水果冷藏保鲜库 | 吨 | 5000 | 1000.00 | 500.00 |
| 6 | 新型经营主体和种植大户培育 | | | | 500.00 |
| 7 | 其他设施设备 | | | | 500.00 |
| （四） | 中药材产业 | | | | 21 200.00 |
| 1 | 中低产中药材基地改造 | 亩 | 5000 | 3000.00 | 1500.00 |
| 2 | 新建高标准富硒中药材种植基地 | 亩 | 45 000 | 4000.00 | 18 000.00 |
| 3 | 改造升级日产1吨的加工生产线 | 条 | 2 | 1 000 000.00 | 200.00 |
| 4 | 新建日产1吨的加工生产线 | 条 | 2 | 2 000 000.00 | 400.00 |
| 5 | 新型经营主体和种植大户培育 | | | | 500.00 |
| 6 | 其他设施设备 | | | | 600.00 |

区域土地资源研究与农业规划实例
——以宜春市袁州区为例

续表

| 序号 | 主要建设内容 | 单位 | 建设规模 | 单价/(元/单位) | 投资额/万元 |
|---|---|---|---|---|---|
| (五) | 畜禽水产产业 | | | | 45 750.00 |
| 1 | 生猪圈舍改造 | m² | 20 000 | 500.00 | 1000.00 |
| 2 | 新建标准化生猪圈舍 | m² | 50 000 | 1000.00 | 5000.00 |
| 3 | 新建标准化家庭猪庄 | 个 | 50 | 100 000.00 | 500.00 |
| 4 | 千头标准化肉牛养殖场 | 个 | 2 | 100 000 000.00 | 20 000.00 |
| 5 | 万羽家禽标准化基地 | 个 | 10 | 5 000 000.00 | 5000.00 |
| 6 | 富硒精养鱼塘 | 亩 | 2000 | 5000.00 | 1000.00 |
| 7 | 畜禽水产良种繁育基地 | 亩 | 100 | 100 000.00 | 1000.00 |
| 8 | 万吨肉类冷藏保鲜库 | | | | 1000.00 |
| 9 | 生鲜畜禽肉交易市场 | 亩 | 100 | 50 000.00 | 500.00 |
| 10 | 中小型沼气池 | 处 | 100 | 5000.00 | 50.00 |
| 11 | 大型沼气池 | 处 | 10 | 100 000.00 | 100.00 |
| 12 | 年产10万吨有机肥加工厂 | 个 | 1 | | 10 000.00 |
| 13 | 其他费用 | | | | 600.00 |
| (六) | 休闲农业与乡村旅游 | | | | 38000.00 |
| 1 | 休闲农庄的升级改造 | 个 | 20 | 2 000 000.00 | 4000.00 |
| 2 | 新建休闲农庄 | 个 | 20 | 4 000 000.00 | 8000.00 |
| 3 | 创建休闲旅游基地 | 亩 | 20000 | 10 000.00 | 20 000.00 |
| 4 | 新建智慧型休闲旅游家庭农场 | 个 | 10 | 5 000 000.00 | 5000.00 |
| 5 | 其他费用 | | | | 1000.00 |
| 二 | 配套体系建设 | | | | 27 200.00 |
| (一) | 信息通信网络建设 | | | | 2700.00 |
| 1 | 富硒产业综合信息服务平台 | 个 | 1 | | 800.00 |
| 2 | 富硒农副产品电子商务平台 | 个 | 1 | | 500.00 |
| 3 | 智慧富硒产业建设 | | | | 500.00 |
| 4 | 信息服务体系建设 | | | | 500.00 |
| 5 | 其他费用 | | | | 400.00 |
| (二) | 科技支撑体系建设 | | | | 5300.00 |

- 74 -

| 序号 | 主要建设内容 | 单位 | 建设规模 | 单价/(元/单位) | 投资额/万元 |
|------|------------|------|---------|---------------|------------|
| 1 | 袁州富硒产业工程技术研究中心 | m² | 5000 | 5000.00 | 2500.00 |
| 2 | 硒产业技术培训中心 | m² | 5000 | 4000.00 | 2000.00 |
| 3 | 其他费用 | | | | 800.00 |
| (三) | 产品质量安全建设 | | | | 2000.00 |
| 1 | 富硒产品质量检测中心 | 个 | 1 | | 1000.00 |
| 2 | 富硒农产品综合监测点 | 个 | 2 | | 100.00 |
| 3 | 质量安全信息服务平台建设 | 个 | 1 | | 500.00 |
| 4 | 其他费用 | | | | 400.00 |
| (四) | 品牌建设 | | | | 700.00 |
| 1 | 品牌主体建设 | | | | 500.00 |
| 2 | 其他费用 | | | | 200.00 |
| (五) | 冷链物流与市场营销建设 | | | | 16 500.00 |
| 1 | 大型农产品仓储物流市场 | 个 | 1 | | 6000.00 |
| 2 | 富硒农副产品批发市场 | 亩 | 1000 | | 10 000.00 |
| 3 | 其他费用 | | | | 500.00 |
| 三 | 其他费用 | | | | 14 000.00 |
| 1 | 规划勘测设计费 | | | | 6000.00 |
| 2 | 招标监理费 | | | | 4000.00 |
| 3 | 办公家具及开办费 | | | | 4000.00 |
| 四 | 预备费(按上述各项费用的3%估算) | | | | 7000.00 |
| 五 | 合计 | | | | 234 380.00 |

## 6.7.1.2 资金筹措

规划总投资 234 380.00 万元,其中,申请财政资金 60 800.00 万元、银行贷款 68 000.00 万元、社会资本 105 580.00 万元,分别占总投资的 25.94%、29.01%、45.05%(表6-3)。

表 6-3　资金筹措

| 序号 | 类型 | 投资额 / 万元 | 资金筹措 / 万元 | | |
|---|---|---|---|---|---|
| | | | 财政资金 | 银行贷款 | 社会资本 |
| 一 | 产业 | 186 180.00 | 50 000.00 | 52 000.00 | 84 180.00 |
| （一） | 粮油产业 | 47 100.00 | 10 000.00 | 10 000.00 | 27 100.00 |
| （二） | 蔬菜产业 | 26 130.00 | 8000.00 | 5000.00 | 13 130.00 |
| （三） | 果茶产业 | 8000.00 | 2000.00 | 2000.00 | 4000.00 |
| （四） | 中药材产业 | 21 200.00 | 5000.00 | 8000.00 | 8200.00 |
| （五） | 畜禽水产产业 | 45 750.00 | 15 000.00 | 12 000.00 | 18 750.00 |
| （六） | 休闲农业与乡村旅游 | 38 000.00 | 10 000.00 | 15 000.00 | 13 000.00 |
| 二 | 配套体系建设 | 27 200.00 | 7800.00 | 8000.00 | 11 400.00 |
| （一） | 信息通信网络建设 | 2700.00 | 800.00 | 500.00 | 1400.00 |
| （二） | 科技支撑体系建设 | 5300.00 | 1000.00 | 2000.00 | 2300.00 |
| （三） | 产品质量安全建设 | 2000.00 | 800.00 | 500.00 | 700.00 |
| （四） | 品牌建设 | 700.00 | 200.00 | 0.00 | 500.00 |
| （五） | 冷链物流与市场营销建设 | 16 500.00 | 5000.00 | 5000.00 | 6500.00 |
| 三 | 其他费用 | 14 000.00 | 3000.00 | 6000.00 | 5000.00 |
| 四 | 预备费 | 7000.00 | 0.00 | 2000.00 | 5000.00 |
| 五 | 合计 | 234 380.00 | 60 800.00 | 68 000.00 | 105 580.00 |

## 6.7.2　效益分析

### 6.7.2.1　经济效益分析

　　以富硒产业发展为核心，以龙头带动集体，通过改变传统的农业分散经营模式，优化区域产业结构，实现农产品优质、高效生产，提高农产品的附加值，带来可观的经济效益。

　　达产后，实现年销售收入 75.00 亿元（表 6-4）。

表6-4　销售收入估算

| 序号 | 产业 | 产值/亿元 |
|---|---|---|
| 1 | 粮油产业 | 42.00 |
| 2 | 蔬菜产业 | 12.00 |
| 3 | 果茶产业 | 3.00 |
| 4 | 中药材产业 | 5.00 |
| 5 | 畜禽水产产业 | 8.00 |
| 6 | 休闲农业与乡村旅游 | 5.00 |
| 7 | 合计 | 75.00 |

#### 6.7.2.2　社会效益分析

①袁州区富硒资源的开发,将催生未来农业发展新方向,带来农业生产方式、农业科技、产业形态等多方面变革。项目的实施有利于袁州区农业和农村经济战略性结构调整、农业资源的优化配置和合理利用,提高土地生产力和土地产出率。

②规划实施后,通过企业孵化和培育,更好地延伸富硒特色产业链条,开发农业多种功能,实现袁州区一二三产业联动与融合。

③通过改善生产基础设施条件,实行规模化种植、标准化生产、集约化经营,实现富硒产业跨越式发展,进而带动和促进其他农业产业的产业化和现代化进程。

④规划通过发展高产、高效、优质、绿色的富硒农产品,构建完善的农产品安全体系,健全农业综合社会化服务体系,能为本地居民乃至全国人民提供更多更优质的富硒农产品,更好地保障食品安全,改善人们生活质量。

⑤基地建成后,能带动农村富余劳动力参与项目建设,可新增就业岗位。通过推广高产优质高效技术和培训,可有效提高广大农户对现代农业的认知水平和接受能力,提高农业劳动力的整体素质。

#### 6.7.2.3　生态效益分析

在规划实施过程中,袁州区始终把生态效益放在突出位置,通过推广应用绿色蔬菜、水果标准化栽培技术、水肥药一体化及病虫害生物防治技术等,有效降低农药使用量,减少农业面源污染,保护农村水源和环境;通过秸秆还田、测土配方施肥等技术的推广应用，改良土壤，培肥地力；本规划将对生产加工企业产生的污染物实行减量化、资源化、无害化处理，实施清洁生产、安全生产，保护与改善项目区自然生态环境，实现农业生产与环境协调发展，为项目直接"受益区"的现代农业和美丽乡村建设贡献力量。

## 6.8  规划保障措施

### 6.8.1  科技服务保障

一是组建袁州富硒产业工程技术研究中心，加大对富硒农产品的研发力度，抓好新品种、新技术的引进与推广，切实培育特色富硒农产品品牌，提高市场竞争力。二是积极开展对外交流与合作，加强与科研院校、技术部门和相关企业或经济组织的合作与对接，为富硒产业经济的可持续发展提供必要的技术支撑。三是加大管理经验及资金的引进力度，吸引科研机构、龙头企业等开展农业生产经营服务和科技攻关，建立健全产业发展长效机制。四是实施农业科技培训工程，组织农业专业技术人员、农民技术员、农民企业家、种养营销大户等开展技术和技能培训。

### 6.8.2  资金融资保障

创新融资机制，不断拓宽资金来源渠道。一是积极争取国家、省政府、市政府财政资金支持，争取设立"江西袁州富硒产业发展专项资金"。二是整合利用国土、水利、农业等部门农业基础设施建设项目资金。三是探索政府财政性强农惠农资金与银行信贷资金相互结合的有效途径，采取贷款贴息、投资补助、以奖代补、费用补贴等方式，加大对农民专业合作社、农业龙头企业和种养殖大户等扶持力度，引导社会力量投资富硒产业建设。四是充分调动项目区农户积极自筹资金和投工投劳。五是加强对各项惠农资金发放的监督检查，严肃查处各种截留、挪用、抵扣、滞留惠农资金的行为，确保惠农政策落实到位。

### 6.8.3  政策制度保障

强化政策支持，推动富硒产业升级。一是按照国家、省、市规定，制定出台《袁州区富硒产业招商引资优惠办法》，吸引大中型企业参与富硒产业建设。二是适当降低富硒农产品精深加工企业列入重点项目调度的门槛，大力争取国家及省市对富硒农产品精深加工企业的倾斜力度。三是建立完善土地流转机制，实行土地流转奖励制度，促进适度规模经营。四是制定出台一批农业先进技术人才引进的优惠政策，为他们创造良好的工作和生活环境。

### 6.8.4　机制模式保障

创新机制模式，实现富硒产业跨越式发展。一是建立江西袁州富硒产业联席会议制度，充分发挥地方政府、产业企业、科研实体等多方积极性，构建以龙头企业为主导，农民专业合作社与产业协会等积极参与的生产格局，形成多方联系协调机制。二是创新龙头企业与农户的利益联结机制，积极探索资金、技术、产品等要素入股，采取股份制、股份合作制等形式，与农民建立紧密的利益联结机制，实现互利双赢。三是健全农产品质量安全管理机制，实现对农产品质量的快速、系统监测，保证富硒农产品质量安全。四是建立健全富硒农产品市场流通机制，畅通"绿色通道"，搞活富硒农产品市场流通，力促特色产品向商品的转化。五是建立财政扶持农业保险机制，逐步扩大政策性农业保险品种，降低生产风险，完善理赔制度。六是建立科学考核的长效机制，把富硒产业发展纳入袁州区委、区政府年度目标管理考核范畴，确保富硒产业长效、持续、稳定发展。

### 6.8.5　人才队伍保障

采取多渠道、多形式加强富硒产业人才队伍建设。一是加大对富硒生产企业人员的培训力度，培养一批懂技术、会管理、善经营的富硒产业人才。二是建立完善人才引进机制，在政策和生活保障方面给予倾斜，并鼓励科技人员通过技术服务、技术入股、技术转让等形式，参与富硒食品产业的开发和创业。三是建立专家库，充分利用人才资源，搞好项目决策、技术咨询等服务工作，研究解决产业发展的技术问题，为袁州区富硒产业发展做出贡献。

## 6.9　小结

本章主要对宜春市袁州区富硒农业发展的产业规划、生态规划、重点项目规划进行定位，确定了以"粮油产业、蔬菜产业、果茶产业、中药材产业、畜禽水产产业、休闲农业与乡村旅游"为主导，资源高效利用、生态完整保护、社会功能健全的富硒农业规划目标。本章分析了该区域富硒农业规划的必要性：①新常态下加快现代农业发展的需要；②促进一二三产业融合发展的需要；③打造绿色生态袁州，实现农业可持续发展的需要；④推进富硒农业产业化经营的需要；⑤推动产、学、研、政紧密结合的需要。

　　本章提出了规划的五大原则、五大目标及4项重点规划对高标准农田建设、富硒绿色水稻—油菜基地建设、高标准设施蔬菜基地建设、富硒绿色高标准果茶基地建设、富硒中药材种植基地建设、休闲农业与乡村旅游、产品质量安全体系建设7个重点项目进行了专项规划。在专项规划的基础上，进行了经济效益、社会效益、生态效益的分析。

# 第七章  富硒有机农业示范园规划实例

## 7.1  富硒有机农业示范园项目单位概况

### 7.1.1  袁隆平农业高科技股份有限公司

袁隆平农业高科技有限公司（简称"隆平高科"）是由湖南省农业科学院、湖南杂交水稻研究中心、袁隆平院士等发起设立，以科研单位为依托的农业高科技股份有限公司，公司成立于 1999 年 6 月，是一家以光大袁隆平伟大事业，用科技改造农业，造福世界人民的农业高新技术企业，成立之初注册资本 1.05 亿元。2000 年 5 月发行 A 股；2004 年 12 月，长沙新大新集团有限公司受让湖南省农业科学院的全部国有股权，成为公司控股股东；2006 年完成股权分置改革，成为完全市场化运作的现代上市公司。

公司以杂交水稻为核心，以种业为主营业务方向，以农技服务创造价值。公司拥有以袁隆平院士为首的一支专业研发队伍，致力于杂交水稻、杂交辣椒、优质西甜瓜、蔬菜、棉花、玉米、油菜等农作物新品种选育创新。2001 年经国家人事部批准，公司设立了博士后科研工作站，年投入科研和成果引进经费 3000 万元。目前拥有自主知识产权的产品达 153 个，拥有各项专利 97 项（次），获奖成果 30 余项，其中水稻不育系培矮 64S 的选育及应用研究荣获国家科学技术进步一等奖，另有 3 项成果获国家科学技术进步二等奖。

公司是农业产业化国家重点龙头企业和国家科技创新型星火龙头企业、湖南省重点高新技术企业；公司连续 6 年被评为优秀高新技术企业和技术创新先进单位，"隆平高科"商标被认定为中国驰名商标。2004 年，据亚洲太平洋种子协会统计，公司成为亚洲最大的种子公司之一。

### 7.1.2 广东建工投资有限公司

广东建工投资有限公司成立于 1953 年，前身是广东省建筑工程局，1983 年转制为企业，1996 年改为由广东省人民政府授权经营国有资产的特大型建筑企业集团，集团主体为国有独资企业。经过 50 多年的发展，广东建工投资有限公司已成为经营范围最广、专业结构最齐、技术资质最高的省属综合型建筑企业。广东建工投资有限公司是以工程建设为主业的外向型企业集团，是广东省近年来实施"走出去"发展战略型的龙头企业，工程建设项目遍布东南亚地区、南太平洋地区、非洲、中东、加勒比海地区的几十个国家和地区。

## 7.2 规划背景、必要性及依据

### 7.2.1 规划背景

20 世纪以来，工业化和城市化快速推进及化学农业负效应的加剧，全球性的环境污染、生态恶化、资源耗竭等一系列的社会问题愈演愈烈，食品安全事故频频发生。21 世纪是农业可持续发展的世纪，联合国成员国共同提出的低碳经济时代已经来临，保护全球环境和可持续发展的呼声空前高涨。有机农业是保障食品安全、保护农业和农村生态环境及实施可持续发展的有效途径，有机农业作为循环型、环保型和低碳型农业形式，日益受到各国的推崇。

民以食为天，食以安为先。随着我国人口增长和工业化程度的提高，人们承受着来自环境资源、环境保护和食品安全的重重压力。为改变这种现状，进行生态有机农业成了当务之急。截至 2012 年，世界上已有 60 多个国家制定了有机农业标准或法规，各国政府通过立法来规范有机农业生产，公众的生态、环境和健康意识普遍增强，扩大了对有机产品的需求规模，有机农业在研究、生产和贸易上都获得了前所未有的发展；10 年来，部分发展中国家有机产品市场的兴起和发展，标志着全球有机事业的全面展开。2005 年我国出台了 GB/T 19630—2005《有机产品国家标准》，表明我国有机农业进入全面、有序的发展阶段。2010 年中央 1 号文件明确提出积极发展绿色食品和有机农产品，这为有机农业的发展提供了难得的历史机遇。

现代生态有机农业发端于欧洲，它作为替代农业的一种模式，在过去 10 年里一直以每年 15% 的发展速度增长，欧盟和美国的有机农业发展较早，是全球有机食品的主要生产地和消费地。欧洲主要国家有机种植面积在 2007 年就已占到耕地总面积的 6% ～ 12%。中国生态有机农业经过 10 余年的发展，经历了市场不断拓展、基地及品种不断扩大及政府逐步认可的变革过程。同时，农产品的消费正在从温饱型与数量型向安全质量型和健康型逐步转变；从宏观市场来看，全国农产品和食品消费的比例按 1% ～ 2% 来计算有机农产品，以现有有机农业的生产规模，远远不能满足市场的缺口。发达国家有机食品消费的比例有些已达到 8% 以上。因此，我国有机农业发展的空间和潜力是巨大的。总体来说，中国有机农业正处在一个从依赖出口向立足国内市场、从分散式单一发展向行业整体推动的转折时期，可以预见，未来 5 ～ 10 年有机农产品在国内市场的份额将呈快速上升趋势。国内有机产业格局正在形成。

生态观光农业是一种以农业和农村为载体的新型生态旅游业。近年来，伴随着农业产业化的发展，现代农业不仅具有生产性功能，还具有改善生态环境质量，为人们提供观光、休闲、度假的生活性功能。随着收入、闲暇时间的增多，生活节奏的加快及竞争的日益激烈，人们渴望多样化的旅游，尤其希望能在典型的农村环境中放松自己。于是，农业与旅游业边缘交叉的新型产业——观光农业应运而生，拓展了农业发展的新空间，开辟了旅游业发展的新领域。生态农业观光园是现代农业发展的一个趋势，它有着坚实的社会基础。随着社会经济的飞速发展，人们收入水平迅速提高。在解决温饱之后，人们对吃穿以外的追求日益增多，日趋多样，这是观光农业发展的主要基础。与此同时，节假日的增多，双休日的实行，为人们外出休闲、观光旅游提供了大量的时间。从人们旅游情趣多向性来看，追求田园式的生活情趣是个重要的发展趋向。而现实中，这样的景点场所显得相对匮乏，这就为生态农业观光园提供了广阔的发展市场。

硒是人体必需的微量元素，与人的健康密切相关，是部分重金属元素的天然解毒剂，能有效提高生命免疫机能，对防癌、抗癌能发挥重要作用，被国内外科学家誉为"生命之火""抗癌之王"。人体若通过富硒农产品的适量补充，则可有效提高机体免疫能力，硒还能有效降低急慢性克山病、大骨节病、心脑血管疾病及高血压、心脏病的发生率，因而富硒农产品被称为"21 世纪保健营养食品"。富硒农产品以其独特的保健功效在市场上非常畅销，且价格高，经济效益和社会效益显著。目前，富硒产品供不应求，日本、美国、东南亚等国对富硒产品的需求呈上升趋势。在国内，随着人们对硒的认识，富硒产品需求量将不断增大。但是，目前富硒食品开发较少，远不能满足人们需求，开发富硒大米、富硒蔬菜等系列食品，很具市场潜力和前景。

## 7.2.2 规划必要性

（1）符合世界农业发展的趋势

世界农业已有 7000 年以上历史。农业发展阶段大体可分为传统农业（含原始农业）、现代农业、后现代农业 3 个阶段。第一阶段的目标以满足温饱需求为核心，我国在 20 世纪 70 年代之前基本处于这一阶段，提出"丰衣足食"的口号是适应这一需要的。第二阶段把满足相对富裕纳入农业发展目标，自 20 世纪 80 年代以来，我国农业基本属于这一阶段，"发财致富"是这一阶段普遍认可的理想，目前大力提倡的"三高"农业，解决农业长期低效问题是符合这一需要的。第三阶段则把满足高质量生活的生态环境、食品质量和未来的繁荣列入农业发展目标，目前欧、美、日等发达国家已经很自觉地把"蓝天碧水"作为追求的理想。随着全球气候变化的加剧，对各国碳排放和环境保护的要求越来越高,低碳经济时代已经来临,生态有机农业将成为农业发展的一种必然选择。

（2）创建社会效益、生态效益及经济效益兼顾的新型农业典范

在科学发展观的指导下，一个地方的发展不能仅仅以经济产值增长多少来评价发展水平的高低，而应把社会效益、生态效益和经济效益结合起来考察，注重从生态经济效率角度，科学利用明月山得天独厚的富硒土壤及硒矿泉水等优质生态资源，开发高品质的富硒农产品和有机农产品，建成一个融生态农业、技术示范、有机产品展示、生态休闲及旅游于一身的富硒有机农业园和现代化生态农业示范区。对于明月山温泉风景名胜区乃至宜春市农业产业化发展、富硒有机农产品开发和旅游市场培育，都具有深远的意义。

（3）优化农业结构和促进农民就业增收

项目区长期以来，农业种植结构品种单一、效益低下、综合竞争力不强成为制约当地农业发展、农民增收的主要因素。建设生态农业示范基地，发展有机食品产业，对调整农业生产结构、提高土地单位面积的经济收益、增加农民收入具有重要的意义。由于有机农业属于劳动密集型产业，发展有机农业既可以为农村创造更多的就业机会，同时又能够增加农民收入，从而减少农村剩余劳动力对城市的压力，这有利于保障城乡社会和谐安定。

（4）保证高质量提高宜春明月山农产品的竞争力

可持续农业是世界农业发展的大趋势，它代表着现代农业的发展方向，其

发展水平成为衡量区域农产品市场竞争力高低的重要标志。从国际市场看，农产品安全质量标准的绿色壁垒越筑越高，农产品安全质量的市场准入度全面提高。在国内市场上，随着人们生活水平的不断提高和健康自我保护意识的增强，农产品的市场竞争也正在以质量安全为基础全面展开，国家为全面提高农产品安全质量，已率先在大中城市建立了农产品准入制度。项目依托温汤镇得天独厚的富硒水土资源，采取建设技术标准体系和检验、监测体系，从农产品产前的大气、土壤、水源到产中的药、肥、水管理，再到产后的产品储存、加工和包装等各个生产环节进行全程的标准化生产和质量监控检测，生产富硒有机农产品，从而确保农产品的质量安全，提升宜春明月山农产品的市场竞争力，争创地域农产品品牌。

（5）保护生态环境促进明月山旅游产业持续发展

明月山是国家级风景名胜区、国家 AAAAA 级旅游景区、国家森林公园，旅游产业是其主导产业。明月山是以"奇峰险壑、温泉飞瀑、珍稀动植物和禅宗文化"为主要特色，集"生态游览、休闲度假、科普教育和宗教旅游"为一体的山岳型风景名胜区。维持良好的生态环境是旅游产业良性发展的重要保障。项目发展有利于改善和保护现有良好的农业生产环境，消除农业污染，同时项目发展提供的富硒有机绿色食品和生态农业观光，还能丰富明月山景区的旅游资源，可促进明月山景区旅游产业发展。

（6）将资源优势转化为市场优势和经济效益、生态效益、社会效益

宜春市温汤镇的生态环境优越，土壤及温泉中富含硒及多种对人体有益的微量元素，防癌、保健、养生等多种作用。依托其富硒水土资源，适宜发展富硒有机农业，高质量生态和农田适合推行有机农业产业化，调整农业产业结构，可做大富硒有机农业产业，将生态富硒的资源优势转变为旅游产业优势、市场优势和经济效益、生态效益及社会效益。

## 7.2.3　规划依据

① 农业部发布的《"生态家园富民工程计划"示范建设项目技术指南》；

②《宜春市袁州区国民经济和社会发展第十二个五年规划纲要》；

③《明月山富硒有机农业示范园项目可行性研究报告》；

④《基本农田建设设计规范》；

⑤ 项目单位提供的有关基础资料；

⑥ 国家现行的有关政策和法规；

⑦《有机农业在中国》（科技部中国农村技术开发中心）；

⑧《国际有机农业标准和法规文件汇编》；

⑨ 2010 年中央 1 号文件（农业发展和农产品质量）；

⑩ 省级检测机构对规划区环境质量及土壤肥力的检测报告。

## 7.3　规划区概况

### 7.3.1　地理位置与行政区划

温汤镇位于宜春市袁州区西南方 18 km 处，东连南庙镇、洪江乡，西界西村镇和萍乡市万龙山垦殖场，南接安福县章庄乡。北邻湖田镇。地势由西南向东北倾斜，中部低洼，呈南北长方形。截至 2012 年，全镇共有 12 个行政村，1 个居委会，177 个村民小组，2.26 万人口，其中集镇常住人口 1 万人。境内拥有国家级森林公园——明月山和国内罕见的地下富硒温泉。温汤镇先后被授予"全国村镇建设先进乡镇""全国 100 个小城镇建设示范镇""全国文明城镇"等光荣称号。

### 7.3.2　自然资源条件

#### 7.3.2.1　自然资源

全镇辖地 171.6 km²，其中耕地 2.5 万亩，山地 122 km²，内有用材林 10 万亩，毛竹 3.9 万亩，防护林 5.9 万亩，油茶林 1.83 万亩，总木材蓄积量为 37 万 m³，立竹量 624 万根。

境内生态优美，风光秀丽。明月山适应各种动植物生长，素有"天然动物园""植物王国"之美称，山间幽芳，四季不败，茂林修竹，云腾雾卷，雾凝为雨，荫翳出泉，山涧谷壑泉声不断，景区内绿色葱茏，空气清新，山上空气负离子含量每立方厘米高达 7 万多个，为国家标准的 35 倍，是国内外享有盛名的天然氧吧。优美的明月山已定为国家森林公园，素有"不是黄山，胜似黄山"之美称，是武功山的一支脉，有太平山、仰峰、银子岭等 12 座海拔千米以上的大小山峰，主峰太平山海拔 1735.6 m。因整个山势呈半圆形，恰似半圆明月，故而得名。山上风景如画，自然景观十分丰富，尤其是"四绝"，即山花织锦、绝壁惊人、苍松斗妍、怪石争奇，更是美不胜收。特别是宜春八景之一的云谷飞瀑，是我国的长瀑布之一，长160 m，宽3～10 m，上下为三叠，每当阳光照射，彩虹成双结对，忽隐忽现，美不胜言，真是"瀑布常在烟霞中，水花总与去霓游"。近年来，经过省、市文化、旅游部门的多次考察和新闻媒介的宣传介绍，以明月为名的奇丽山水，已成为世人慕名登览的旅游胜境。

境内有国内罕见的富硒温泉。据史料记载，温汤温泉有800多年历史。温泉分布在温汤集镇0.8 km²范围内，地热温泉中心海拔168 m，从地下470 m深处花岗岩中涌出，出水量3700吨/日，水温常年保持在68～72℃，无色无味，矿化度很低，可作为人们生活、医疗、养殖、种植等用水。温汤温泉不仅温度高，而且含有多种对人体有益的元素，如含有钠、钾、钙、镁、碳、氢等，同时含硒、锂、锶、锌等多种对人身有益的微量元素，有显著的医疗保健价值，是国内罕见的富硒温泉，通过国家鉴定检测和中国医防科学试验分析，属于大出水量、高温度的优质矿泉，具有显著防癌、抑瘤等保健作用。水疗还对心血管、消化、泌尿等系统有明显疗效。此外，全镇土壤富含硒，具有适宜发展有机农业的有利条件。

### 7.3.2.2　气候资源

温汤镇属亚热带季风气候，四季分明，春秋季短而夏冬季长，冬季冷而夏季热，春季湿而秋季干，热量丰富，降水充沛，日照充足，霜期短，气候资源丰富，有利于农作物和林木生长。年平均气温16.2～17.7℃，冬季最冷月1月平均气温4.6～5.3℃，夏季最热月7月平均气温27.3～29.6℃。平均年降水量为1624.9 mm，年降水量1545.6～1736.3 mm，4—6月降水量平均为754.2 mm，占年总量的46.4%；由于受季风影响，上半年各月降水量呈递增趋势，下半年各月降水量呈递减趋势；全镇各地每季降水量占年总量的百分比分别是：第一季度21%，第二季度46%，第三季度22%，第四季度11%；5—6月降水最多，平均月降水量为273.9 mm，12月降水最少，平均降水量为52.8 mm。年平均日照时数1737.1 h。日照时数的年内变化，以上半年大，下半年小；以7月日照时数259.0 h为最多，3月日照时数83.4 h为最少。以偏西风为常年主导风向。

### 7.3.3　社会经济环境

近年来，温汤镇认真贯彻"小城镇，大战略"的精神，紧紧围绕旅游开发，致力于构建集旅游、疗养、娱乐、度假为一体的现代化花园式城镇，取得了突出的成绩。温汤镇旅游开发和城镇建设已具相当规模，集镇建成面积已达1.6 km²，形成了"四街二路四大区"的"丰"字形格局，镇内基础设施建设日趋完善，城镇面貌日新月异。自 1992 年撤乡建镇以来，温汤镇从实际出发，依托本地优势，走出了一条"农业稳镇、工业强镇、科教兴镇、旅游富镇、生态靓镇"的经济发展新路子，使温汤镇的综合经济实力进一步增强，各项社会事业全面发展。2010 年，全镇财政收入由 505 万元增加到 4524 万元，增长 8.96 倍；农民人均纯收入由 2898 元增加到 5510 元，增长 1.90 倍。

### 7.3.4 发展富硒有机农业条件分析

#### 7.3.4.1 有利条件

（1）利好政策

我国不少地区从农村发展和保护生态环境出发制定了鼓励政策，对有机农业和有机产品开发实行补贴，加大了对有机农业和加工业的投资力度，推动了有机农业的发展。由于有机农业是提高食品安全、保护生物多样性、促进可持续发展的一条有效途径，有机农业已被列为国家 16 项多学科的行动重点领域之一。不少科学研究机构把有机农业和有机产品作为重点研究项目。有机食品的开发与生产符合国家方针政策。国家要求农业生产从总体上优化结构，突出质量和效益，向多样化、高品质的方向发展。发展有机农业符合生态学和可持续发展战略，符合国家的基本要求。

（2）优良环境

温汤镇沿袭传统的农业生产方式，自然资源未受破坏，很少使用化肥、农药、除草剂等化学合成物质，呈现出自然生态优势和地方资源优势，为生产有机食品提供了良好的环境基础和有利条件。

（3）富硒资源

温汤镇拥有 800 多年历史的温汤地热温泉，温泉分布在温汤集镇 0.8 km² 范围内，地热温泉中心海拔 168 m，从地下 470 m 深处花岗岩中涌出，日出水量 3700 吨，水温常年保持在 68～72 ℃，无色无味，水质细腻，不含硫，具有低矿化度、低钠、富硒、偏硅酸含量高等特点，为国内外罕见富硒温泉，经国家鉴定检测和中国医防科学院试验分析，该泉属于大出水量、高温度优质矿泉。同时，经检测，温汤镇土壤富含硒元素，具备适宜发展富硒有机农业的有利条件。对于土壤硒含量不均匀、不平衡的状况，可以在缺硒地区通过施用富硒的有机肥和叶面肥补充硒，该技术已在多个有机基地成功应用。

（4）区位优势

温汤镇交通便捷，浙赣铁路、320国道、沪昆高速公路穿越宜春市区，修通了宜春至温汤双向四车道一级公路，有利于产品快速流通和外销，有利于外向型农业经济发展。明月山属亚热带湿润季风气候，山水奇特，气候温和，年平均气温12～15℃，年平均降水量1800～2000 mm。适应各种动植物生长，素有"天然动物园""植物王国"之美称，山间幽芳，四季不败，茂林修竹，云腾雾卷，雾凝为雨，荫翳出泉，山涧谷蜜泉声不断，景区内绿色葱茏，空气清新，山上空气负离子含量每立方厘米高达7万多个，为国家标准的35倍，是国内外享有盛名的天然氧吧。温汤镇供电充足，镇内修建了2座水库、5个发电站，建有1个变电站，并架设了一条35 kV专线，可满足全镇的生产及生活用电需求。

（5）技术保障

当前，有机农业生产已有许多成熟技术，如稻鸭共作技术、天敌防控技术、物理诱捕技术、农业防治技术等。传统农业的技术精华也可用于有机农产品生产。我国有着丰富的传统农业经验，自古以来就有使用堆肥、沤肥等农家肥的良好习惯，有农业、物理、生物和生态技术防治病虫草害的丰富经验，这些技术精华为我国有机农业的发展提供了有力技术支持。项目单位隆平高科是农业产业化国家重点龙头企业和国家科技创新型星火龙头企业，技术实力雄厚，引进现代有机农业技术与自主知识产权的新品种，生产出纯正自然的有机食品。同时，项目单位还将聘请国内有机生产技术领域权威专家作为技术顾问。

7.3.4.2  限制条件

（1）灾害性天气时有发生

从整体来看，温汤镇属亚热带季风气候，四季分明，春秋季短而夏冬季长，冬季冷而夏季热，春季湿而秋季干，热量丰富，降水充沛，日照充足，霜期短，气候资源丰富，有利于农作物和林木生长。但由于季风进退迟早和强弱程度不同、地形起伏、气候因子时空分布不均等，使气候呈多样性，天气变化大，并导致旱涝、酷暑、低温、风雹等气象灾害时有发生。历年出现的灾害性天气主要是暴雨洪涝和低温冷害。

（2）农田基础设施不够健全

规划区农业灌溉水源充裕，农田基本可利用山溪来水实现自流灌溉。但现有水利工程配套不完善，取水水源处水利设施不牢固，被山洪冲垮的情况时有发生,严重影响水源供应可靠度。田间渠系也不够健全,部分区域农田灌排不便。部分田块破碎,机耕道路配套严重不足,难以适应农业机械化产业化发展的需要。

(3)国内有机产品市场不够成熟

有机农业经过10余年的发展,已经历了从"幕后"走向"台前"的转变,有机产品的消费在一些大型城市已趋于"热捧"。国内一些知名品牌销售企业如正谷、乐活城等年销售额已达数亿元,一些小型企业年利润达数百万元。有机大米的价格一度达到30～100元/kg。但目前我国有机产品市场发育不够成熟,尚待进一步发展。

(4)国内有机产业管理不够规范

近年来国内许多地区先后种植了大面积有机农作物,但由于这些基地缺乏技术支撑、管理经验少、产业化组织程度低,目前发展面临问题;国内一些企业由于轻视技术环节、不珍惜企业声誉,甚至违规使用化学农药或以常规蔬菜冒充有机蔬菜,已给有机行业带来严重的负面影响。国内有关管理机构正在探索规范的管理模式。

(5)有机农业认识不够到位

农民观念滞后,缺乏从事有机农业所应具备的素质,生产中习惯于用化肥、农药。机械地认为有机农业就是不施化肥、不喷农药的农业,或是等同于传统农业。各级政府对有机农业的理念和生产方式也存在一定误区,有的认为有机农业是无污染农业,要求100%纯净不含任何杂质或有害物,是高不可攀的。同时,消费者对有机食品的了解还很少,这直接影响了有机食品所应有的较高价值的实现。

## 7.4　规划指导思想、基本原则及总体目标与定位

### 7.4.1　规划指导思想

以市场为导向,以科技创新为支撑,依托当地丰富的土地资源和优良的自然条件,坚持发展有机农业的理念,按照全面落实科学发展观、构建和谐社会的要求,遵循"市场导向、突出特点、政府引导、政策扶持、科技支撑和可持续发展"的原则,按照"保护第一,开发第二"的基本方针,以有机农业产业化经营为手段,以发展有机食品促进农民增收为动力,立足国际、国内两个市场,依靠现代农业科技进步,转变农业增长方式,实现农产品食品质量提高、生态

环境改善、产品更加丰富和农民增收四大目标统一，推动农业农村经济结构调整，充分发挥农业景观的旅游功能，提高农业的综合效益。保护和改善生态环境，丰富旅游业内涵，拓宽旅游业发展领域，实现高效农业、生态有机农业和旅游农业的有机结合，形成农、旅共生发展的新型高效产业，带动和促进温汤镇经济的快速稳定发展。

## 7.4.2　规划基本原则

（1）坚持市场引导与科技支撑原则

本规划坚持以市场为导向，以科技创新为支撑，遵照有机农业生产技术要求来对园区进行设计；依据市场需求的原则，大力建设有机产品市场和品牌；积极推广名、特、优、新品种和新技术，引进国内外先进的有机农业生产和管理技术及其人才，努力实现园区产品优质、生态、高效。

（2）坚持质量第一和培育有机品牌并重的原则

树立有机产品质量第一的意识，严格按照有机农业的国内或国际标准进行生产，突出质量监管，严密控制有机生产投放的物资，建立有机农产品生产过程跟踪机制，着力建设农产品安全质量保障体系，培育有机品牌，打造温汤镇富硒有机产品的优质品牌，加速有机食品标志的申报，建设成为国内外知名的有机品牌和有机富硒食品基地。

（3）坚持因地制宜、分步实施、稳步推进原则

围绕有机农业发展的目标，结合当地实际，坚持从实际出发，根据不同类型的区域特点，将实效性和可行性相结合，因地制宜地确定建设重点，实行分类指导，选择适宜的生态模式和配套技术措施，重点建设与推广。

（4）坚持政府引导和社会参与相结合的原则

在政府正确引导下，建立、完善市场运作机制，充分调动社会各方积极性，积极参与有机农业基地建设，发挥其参与有机农业产业化建设的积极性、主动性和创造性，积极组织有关部门和社会公众参与，就规划决策及相关问题，广泛征询、充分听取各方意见和建议。

（5）坚持经济建设和生态环境建设并重的原则

按照"保护第一，开发第二"的基本方针，发展有机农业，实现农业可持续发展，引进推广生态农业和环保技术，提倡自然生态循环，保护好生态环境，把资源开发和经济社会协调发展有机地结合起来，把可持续发展农业与乡村发

展有机结合起来，实现产业化发展和生态环境相互促进的良性循环，改善农业生态环境和农民生产生活条件。

### 7.4.3  规划总体目标与定位

本项目依托研究区域得天独厚的富硒土壤及富硒矿泉水资源，开发富硒、生态、绿色、有机农产品，计划打造成华东区域上规模的富硒生态有机农业生产园区，建设集有机农业和生态观光、旅游休闲于一体的综合性农业观光区，提升改造传统农业产业，使之成为区域生态农业和农村生态文明的窗口、生态富硒特色农业的展示园、国内一流的高科技生态农业示范基地、国内外一流的高档优质富硒有机农产品供应基地和展示当地农家风貌及民俗风情的观光休闲胜地，建成一个融生态农业技术示范和生态文化及旅游休闲于一身的富硒有机农业园，打造成具有江南特色的国家级的现代化生态农业示范区。

明月山富硒有机农业示范园是一个融生态化、示范推广、生态休闲及旅游于一身的富硒有机农业园和现代农业示范区。第一阶段主要以形成规模和影响为主，着重富硒有机初级产品生产；第二阶段以完成富硒有机产业集聚为主，形成产业配套；第三阶段以形成品牌效应为主，涉足高端富硒产品市场，着重形成长产业链、高附加值的富硒有机产品系列，成为富硒有机农产品生产技术示范中心。

## 7.5  规划范围与规划期限

### 7.5.1  规划范围

主要涉及宜春市温汤镇社埠村、彭坊村。项目开发包括：有机水稻、有机蔬菜、瓜果、生态荷鱼、生态养殖等有机农畜产品的生产、精深加工、销售、种业开发经营等。

### 7.5.2  规划期限

规划期限为 2012—2021 年，2021 年为目标规划年，中期规划 10 年，2030年为规划展望期。

规划第一期的建设期为 3～5 年，规划实施总目标 20 年。第二期为中远期规划，主要包括明月山有机农业生产基地向周边规模化扩展、有机农业的配套设施工程建设、有机生态农庄建设和有机养殖基地的扩大规模、有机富硒产品深加工、市场品牌培育及优良品种繁育等。

## 7.6　规划结构与功能布局

园区布局按照其总体功能需要和内在的有机协调性，遵循"互不影响、相互支持、相互促进"的原则，以富硒生态有机水稻为主体，开展种养殖富硒农产品生产、硒产品深加工及农业高新技术研发展示、富硒生态观光休闲等功能区，具体划分为10个相对独立又有联系的功能区域，形成"一心一村、二廊、六区"布局（见书末彩插图7-1）。

### 7.6.1　生态农业技术培训与产品展示服务中心

此中心规划用地面积100亩，布局在园区主要对外交通道路附近，主要用于建设园区生态农业技术培训、生态农业技术和产品展示营销、生态农业技术研究实验室和办公及住宿设施、生态体验餐厅、农产品质量检测中心、农产品加工仓储及游客车辆停放等配套设施。

农产品加工储存区，规划占地面积50亩，建设以市场为导向的有机富硒产品加工厂，带动园区有机种植和养殖实现规模经营和富硒产品精深加工系列开发，形成明月山生态富硒食品产业优势。

### 7.6.2　有机大田富硒作物生产区

规划面积2155亩，主要用于种植富硒有机水稻和油菜，布局在园区平地区域，采用有机水稻和油菜生产技术，完善田间路网渠系，此生产区划分为有机水稻Ⅰ区（面积442亩）、Ⅱ区（面积433亩）、Ⅲ区（面积705亩）、Ⅳ区（面积475亩）、Ⅴ区（面积100亩），主要实施水稻—油菜、水稻—蚕/豌豆、水稻—紫云英、水稻—萝卜等轮作。在划分各个区域的主要道路两侧，配套种植茶叶和有生防作用的生物多样性植物隔离带，建设生态鸭棚和农机器物资存放小屋。

此区域水稻田进行必要的土地平整，修建机耕道，完善田间水网，创造有利于大田机械化耕作的条件，在大型公路附近建设一个存放各种大中型农机的仓库及检修维护场地。

### 7.6.3 荷鱼生态养殖观赏区

此区域规划面积 108 亩，利用现有的荷花生产区，在靠近旅游公路的荷塘旁边，进行荷花观赏和适宜垂钓的设施建设，再在其西北部进行水路沟系的设计布局，创造有利于稻田养殖当地小河鱼、黄牙鱼、泥鳅、黄鳝和田螺等的条件设施，在荷花田养殖鲤鱼、鲫鱼和泥蛙等，在此区域的小鱼塘进行当地特色水产生态养殖，供应当地酒店和旅游市场的需求。有计划引进观赏荷花及优良食用藕品种，具有地方特色的有机稻田甲鱼、螃蟹品种，更新原有的退化品种。

### 7.6.4 有机富硒特色蔬菜生产区

此区域规划面积 120 亩，根据"以需定产，择优安排，因地制宜，适当集中"的原则，积极发展具有特色的特种蔬菜，采用有机种植和小区分植的科学管理与采收加工技术，达到有机产品的质量要求。在地势较高的山坡地计划用地 50 亩，种植有机特色蔬菜，推荐的蔬菜种类包括生姜、牛蒡、食（药）用百合、淮山、芦笋、紫山药、紫薯、菜薯、芋仔、紫背天葵、薄荷、紫苏、紫皮大蒜、香葱、欧芹、野韭菜、小西红柿、小黄瓜等瓜类和富硒叶类蔬菜，根据蔬菜生长环境条件要求选择不同地势地块组织生产，如生姜、百合需要在阴凉的山坡地种植，这一类特种蔬菜主要布局在园区 45° 以上的坡地区域。

常规有机蔬菜种植规划在地势比较平坦的农田，第一期规划生产 70 亩，其中建设具有现代最新生态农业技术设施蔬菜温室大棚 33 亩，利用太阳能获取电力控制温湿度和水滴灌，在低温天气进行蔬菜育苗和特种蔬菜保种保苗，主要以生产有机叶果蔬菜为主，布局在园区的平地区域。此区域通过建设现代生态智能温室，引进滴灌喷灌设施，采用生态栽培技术，蔬菜生产区常年生产有机富硒特种蔬菜、山野菜，同时可以进行特种蔬菜瓜果种苗的繁育和蔬菜制种保种。

### 7.6.5 农业高新技术和品种试验示范区

在特色蔬菜生产区与公路之间的水稻田和多功能生态智能温室，规划为生态农业高新技术试验示范基地、水稻和蔬菜等经济作物新品种的试验示范点，建立进行水稻和各种作物工厂化育苗的多功能温室，如水稻工厂化育秧、蔬菜等特色作物育苗保种、农业耕作新技术、病虫害生物防治新技术、生物除草新技术、物理防治新技术、机械化生产新技术和太阳能及人工智能高新技术的试验示范；提供水稻和其他作物新品种的适应性试验示范，建设成为水稻和蔬菜新品种及有机生产高新技术的试验和示范区，此区域规划建设131亩，其中绿色生态长廊占地大约5亩。

### 7.6.6　动物生态养殖区

2012年规划用地50亩，建设生态猪舍、生态兔舍、生态鸡舍、生态鸭舍、生态鹅舍及生态放养圈等生活设施，主要用于养殖生态富硒猪、生态富硒兔、生态富硒鸡、生态富硒鸭和生态富硒鹅，生产有机富硒禽蛋等。在2013年开始将旁边的山头及梯田纳入有机养殖范围，可进行牧场牧草生产，并扩大到300亩以上，可以把有机果品生产基地扩大到山上，在300亩的牧场也同时可以种植果树和茶叶，建设有机茶园和有机体验果品采摘区，在茶园、果园内部和树林间放养兔、鸡、鸭、鹅和小猪，在生态养殖区附近种植相适应面积的牧草。结合观光旅游，可为游客和农业园生态餐厅及五星级酒店提供大量的放养富硒兔、富硒鸡、富硒鸭、富硒鹅和富硒土鸡蛋等优质产品。

远期规划在生态养殖区域旁边建设一个有机肥加工厂，设置堆肥区。有机肥加工厂初期计划面积15亩，为规划区3000亩种植业提供充足的有机肥，预计3000亩每年两茬需要有机肥1219吨。

### 7.6.7　有机体验采摘区

有机果园前期规划用地面积80亩，利用现有种植的梨园，建设有机体验采摘园，种植甜枣、枇杷、石榴、柿子、猕猴桃、柑橘等果树优良品种，果园基本上四季有花、全年有果。果园所有果树种类严格按照有机农产品（水果部分）生产标准进行管理，采用大量施用有机肥、果园套种甜玉米、种草覆草、果实套袋、果园养鸡鸭鹅等生态措施来管理果园，尤其是果园养鸡，通过果园种草养鸡—鸡吃果园害虫—鸡粪还田，增强果园土壤肥力，同时减少劳动用工，减少农药（除草剂和杀虫剂）用量，提高果品质量。在此区域可以用有机大米加工的米糠饲养黄粉虫，提供给鸡吃或提取其蛋白质。在该区主干道旁建设一个小型生物农药厂，主要生产生物农药，为此区域的有机种植和生态养殖业提供新鲜的中草药，及时为畜禽和鱼虾的有机养殖提供防疫的生物药物，生物药厂初期规划面积5亩。在附近公路旁边建设一个农机仓库和维护场地，规划面积2～3亩。

### 7.6.8　生态民俗文化新村

充分利用现有园区农村居民点，结合新农村建设，进行生态文明乡村建设和生态文化宣传，建立多种形式的生态文化展示场地，开展各种生态文化活动，营造浓厚的生态农业文化氛围。同时，积极挖掘推介民俗风情文化，包括民居饮食、节庆礼仪等方面特有的喜好、好风好、尚传统和禁忌，对这些有形的和无形的民俗风情，要保护好、挖掘好、开发好、利用好。开发森林野菜、土特名产和传统工艺品。重点建设农舍改造工程，把生态农业园区内的农舍改造成为具有特色的生态家庭旅馆。

### 7.6.9　生态观光走廊

生态观光走廊是从规划区的南端，沿明月山旅游主干道路，一直到规划区北端的公路，沿园区外围、次干道及公路两侧均种植绿篱，两旁的生态环境和有机农作物形成一道道生态景观，可观赏、可拍摄、可体验。规划沿道路建设3个绿化观光休闲接待站，其周围栽种桂花树、石榴等树林，即山坡绿化带、公路山花带、溪河景观带。

### 7.6.10　有机绿色长廊

有机绿色长廊工程指适应有机农产品生产要求，规划沿有机蔬菜生产区和生态农业高新技术示范区周边道路，建立拱形的绿荫长廊，拱形支架两侧种植葡萄和猕猴桃，道路两侧视野范围内的山地，采取退耕育林、封山育林、补充造林、低产园林改造，实行绿色美化。可以种植具有驱虫作用又具观赏美感的植物，如薰衣草等。绿色长廊可为游客提供良好的休息、休闲和修养环境，可使有机蔬菜生产区与外部环境隔离，也可使游客采摘到优质的葡萄和猕猴桃等果实。

## 7.7　重点工程项目规划

### 7.7.1　基础设施建设规划项目

#### 7.7.1.1　灌排渠系规划

（1）灌排渠系设计要求

①灌溉设计保证率可根据水文气象、水土资源、作物构成、灌区规模、灌

水方法及经济效益等确定，本项目区不得小于90%。

②排涝标准的设计应根据暴雨重现期排水区的自然条件、涝灾的严重程度及影响大小等因素，经技术经济论证确定，一般可采用5～10年，或参照经国家或相关行政主管部门批准过的地方性法规。本项目区为高标准示范区，排涝标准按10年一遇设计。

③设计暴雨历时和排除时间应根据排涝面积、地面坡度、植被条件、暴雨特性和暴雨量、河网和湖泊的调蓄情况，以及农作物耐淹水深和耐淹历时等条件，以论证确定。旱作区一般可采用1～3天，暴雨从作物受淹起排至田面无积水；水稻区一般可采用1～3天，暴雨1～3天排至耐淹水深。

（2）灌排渠系规划布置原则

①灌排渠系在水源和容泄区水位既定的条件下，尽可能获得最大的自流灌溉和排水面积。灌溉干渠应尽可能布置在灌区的最高地带或沿分水岭布置，选定较小的纵向比降。

②灌排渠系布置应保证工程费用少、渠道输水损失小。布置灌排渠系时，应充分利用和改造原有的水利设施，紧密结合地形，尽可能避开岗丘、洼地、池塘和高速公路，尽量使灌排渠系的比降与地面相近似，以减少工程量。

③灌排渠系选线应尽量少占或不占耕地。在不影响农田用水合理调节下，应做到灌排渠系所占用的土地与其所控制的土地总面积之比为最小，有条件地区应采用地下灌排渠系。

④灌排渠系布置应考虑上下级渠系协调配套，应与排水沟道统一规划，并为其他项目规划的合理布局创造良好的条件。上下级渠道应垂直相交，但根据地形、地势条件，允许有一定的偏角（20°～30°）；支渠以下的渠道应为田间机械作业创造条件，必须同田块、道路、林带、居民点等规划综合加以考虑。

（3）田间灌排渠系布置

田间灌排渠系，包括固定沟渠及其所包围的田块内部的临时沟渠（毛渠、毛沟及输水垄沟等），前者沿田块边界配置，后者设置于田块内部。

据调查，项目区现状灌排固定沟渠较为合理，规划对灌排骨干沟渠予以保留，并在此基础上对部分区域渠系进行改造。各区域渠系具体规划如下。

1）有机水稻种植Ⅰ区

该区位于彭坊村，与其他3个有机水稻种植区相分离，位于规划区域最西侧，与其他规划区域隔河相望，区内地势由南向北依次降低，东西向则呈中间高两侧低的脊状地势,东西两侧有低于田块的天然河道与溪流通过,有利于两侧排水。

渠系布置:沿现状区域中心南北走向机耕道布置长约 640 m 的斗渠,结合农田整治工程垂直于斗渠新建 3 条东西向农渠,农渠间距约为 200 m,形成"丰"字形灌溉渠网;农渠为灌排两用,农田排水由东、西、南三向排入天然水系。

水源:保留现状从区域南面温汤河筑坝引水,自南向北经由彭坊村村庄到达种植区最南端,然后沿村庄北端向西流入"丰"字形灌溉渠系。

2)荷鱼生态养殖观赏区与有机水稻种植 Ⅱ、Ⅲ、Ⅳ 区

荷鱼生态养殖观赏区与有机水稻种植 Ⅱ、Ⅲ、Ⅳ 区在区域上连绵成片,由西南向东北依次排列,该区域是示范区面积最大的分区,位于规划区域北侧,整体地势呈西南高、东北低,西侧、北侧临河道,南侧、东侧是道路与村庄。

渠系布置:结合区域地形,充分利用现状渠系,结合农田间路网规划,规划区域内部布置"五纵(西南—东北走向)十横(东南—西北走向)""井"字形固定渠系,纵向渠道间距 150 m 左右,横向间距 200～250 m。此区域的荷塘和水田周围需要按照荷塘垂钓的深水要求、稻田养鱼的路基要求,加高加固路基,形成鱼虾的防逃设施。

水源:从西面温汤河筑坝引水,然后向东流入"井"字形灌溉渠系。

3)农业高新技术和品种试验示范区与动物生态养殖区

农业高新技术和品种试验示范区与动物生态养殖区连绵成片,位于规划区域西南侧,西北临公路,南侧为山体,东侧为拟建生态农业技术培训与产品展示服务中心,总体地势西高东低,区域中南部地势较其他区域高 1～3 m。

渠系布置:保留现状西南—东北向 3 条纵向渠道,结合田间道路规划增设 3 条东南—西北向横向渠道,沿南侧坡脚布置一条纵向截洪排水沟,形成"四纵三横"灌排渠系。

水源:一是从西面温汤河筑坝引水,通过地下涵管穿越公路后沿公路南侧输送至灌溉渠系,满足该区大部分农田用水;二是利用南侧山泉水灌溉中南部地势较高区域。

4)有机体验采摘区与有机富硒特色蔬菜生产区

有机体验采摘区与有机富硒特色蔬菜生产区位于规划区域东南侧,北临公路,西、南、东面均为村庄,总体地势较平坦,西侧比东侧略高,整个区域被 1 条蜿蜒小溪分割成南北两块,南北区域面积比约为 1∶2。

渠系布置:保留现状西南—东北向两渠一沟(溪),结合田间道路规划在

区域中部增设一条东南—西北向横向渠道，形成"三纵一横"灌排渠系。

水源：利用西南山溪水进行灌溉。

### 7.7.1.2　道路交通系统

项目区对外交通道路通畅，但田间道路系统很不完善，难以适应农业产业化发展要求，需进一步重点完善田间道路系统。

（1）田间道路设计要求

①机耕道路应保证居民点、生产中心到农田具有方便的交通联系，路线直、距离短，同时最大程度利用原有的水田道路。

②道路坡度、转弯角度等技术指标要符合国家规定的技术要求。

③机耕道路沿田边布置，应与田、林、村、渠、沟等项目进行综合规划布局，以便于田间生产的管理。

④机耕路包括路基、路面、桥梁、涵洞及其附属设施。

⑤机耕路最大纵坡：干道、支道宜取 3% ～ 4%，田间道宜取 6% ～ 8%。机耕路最小纵坡：以满足雨雪水排除要求为准，一般宜取 0.4% ～ 0.5%。

（2）田间道路布置

田间道路是田间生产和运输的动脉，对提高劳动生产率有着重要作用。项目区田间路主要分为主要田间路和辅助田间路两种。主要田间路是由居民点通向田间作业的主要道路，路面宽 4 ～ 6 m，一般多设于耕作田块的短边，结合斗渠和农渠进行设置，服务于一组田块，高出地面 0.3 ～ 0.5 m。辅助田间路（田间小道）是联系主要田间路的通道，主要起田间运输的作用，常结合农渠进行设置，服务于 1 ～ 2 个田块，一般路宽 2.5 ～ 4 m，高出地面 0.3 m 左右。此外，本规划区定位为生态农业、技术示范、生态文化及旅游休闲于一身的富硒有机农业示范园，田间道路规划除考虑生产要求外，还要考虑未来学习、参观、旅游等需要。各区域田间道路具体规划如下。

1）有机水稻种植Ⅰ区。

结合渠系布置，现状区域中心南北走向机耕道规划为主要田间道，沿路设置斗渠，路宽 5 m；结合渠系规划垂直于主要田间道新建 3 条东西向辅助田间道，沿路设农渠，路面宽度 3 m；沿区域外围设置辅助田间道，路宽 2.5 m。

2）荷鱼生态养殖观赏区与有机水稻种植Ⅱ、Ⅲ、Ⅳ区。

结合田间渠系，考虑生产实际需要，规划区域内部布置"五纵（西南—东北走向）十横（东南—西北走向）"田间路网，纵向田间道路间距 150 m 左右，横向间距 200～250 m，其中在区域中部结合村庄分布，纵向设 2 条、横向设 5 条主要田间道，路宽 5 m，其余内部田间道规划为辅助田间道，路面宽 3 m；此外，沿区域外围设置 2.5 m 宽辅助田间道。

3）农业高新技术和品种试验示范区与有机富硒特色蔬菜生产区。

结合渠系布置，设置西南—东北向 3 条纵向田间道，其中中部和北部临公路南侧，规划为主要田间道，路宽 5 m，南侧坡脚规划为辅助田间道，路宽 3 m；设置 3 条东南—西北向横向田间道，其中中间横向田间路规划为主要田间道，路宽 5 m，其余 2 条为辅助田间道，路宽 3 m。

4）有机体验采摘区与动物生态养殖区。

规划沿区域溪流南侧西南—东北向渠道布置一主要田间道，路面宽 5 m；结合渠系在区域中部增设一条东南—西北向横向主要田间道，解决区域内南北向生产交通及远期有机肥厂和生物药厂运输；沿区内蜿蜒的溪流两侧设置路宽 2 m 的辅助田间道，用以满足近期田间生产作业和远期采摘观光体验游客所需。

### 7.7.1.3 农田防护林网

（1）农田防护林网建设意义

①农田防护林网可以降低风速，减少水分蒸发，改善农田气候，减轻风沙和干旱危害，促进农业高产稳产。②作为富硒有机农业生产，农田防护林网建设还可以提高生产区与其他区域隔离防护效果，从而有利于有机产品品质提高。③农田防护林网建设可以提高生产区域生物多样化程度，可以为有机农业生产中的害虫天敌提供栖息的场所和空间，促进有机农业生产。④农田防护林网建设，可以极大提升生态农业示范区的示范效果。

（2）农田防护林网设计要求

因地制宜地考虑农田防护林网的建设。实行山、水、田、林、路、村统一规划，综合治理。在主干沟渠旁和道路两侧、居民点及四周闲地栽树种果，建立农田防护林网。配置时应注意解决以下问题。

①林带方向：林带垂直于当地主害风的方向，防风效果最好。若由于地形或地界变化不能垂直时，可允许偏角 30° 左右的变化。在各地沟、渠、路布局已定情况下，林带方向可结合农田沟渠配置，使主林带与害风方向偏度加大，有一定的防风效果。

②林带间距：林带间距决定于林带的有效防风范围（树高的 20～25 倍），具体确定还要考虑风害程度和当地沟、渠、路、田的布局。一般林带间距

200～250 m。

③林带结构：按照疏透度的大小，林带结构有紧密结构、疏透结构、透风结构3种。

④林带宽度：林带宽度以窄林带的防风效果较好，占地也少，为2%～3%，可在支、斗级沟渠与公路、机耕路的两侧或一侧种植，梅花形或三角形排列。

⑤林带树种选择与搭配：树种选择要"适地适树"，选择最适合当地气候土壤和成林快的树种，还应以枝叶茂密、不串根、干形端正、不易感染病虫害的树种为主。在树种搭配上只宜采用单一的乔木树种。

（3）农田防护林网布置

本规划在主辅田间道路两侧栽种水杉，株距3.5 m，建立农田防护林网，各林带间距150～250 m。

### 7.7.2　环境保护规划

#### 7.7.2.1　园区周围绿篱防护

在规划的边界线以绿篱进行分界隔离，特别是在公路两侧、村庄附近，需要开沟并设置宽5 m以上的隔离带及种植高密度的绿篱，建立一道绿色的屏障，以屏蔽公路的灰尘及汽车尾气，防止大型畜禽动物侵入。因此绿篱应选择具有以上功能的植物，同时对害虫有一定的驱避作用，如枳壳、酸枣、金合欢、木槿、杞柳、紫穗槐等。隔离带选择具有驱虫作用的植物，如除虫瓜叶菊、旱金莲等，或者适合天敌迁入寄生的植物，如白花草、绿豆、胜红蓟、蟛蜞菊等。

#### 7.7.2.2　项目施工期的环境保护

本项目施工期对环境的影响主要为扬尘、噪声、废水、固体废物。由于施工期较短，故其影响是阶段性的。施工期间通过施工现场设置符合要求的围挡、施工车辆出入施工现场采取措施防止泥土带出现场、施工场地和运输通道定期洒水、尽量采用低噪声设备等有关防护措施，可以将施工期的环境影响控制在最低水平。

#### 7.7.2.3　项目运营期的环境保护

本项目在正常运营情况下，主要污染源有生活污水、生活垃圾、园区工作人员及游客的粪便尿液等。运营期间，生活污水不直接外排，其中部分污水经处理后达到回用和灌溉标准进行果林灌溉；生活垃圾进行分类收集，由环卫部门统一处置；粪便尿液及时收集清运，并送至发酵池发酵后为周边地区绿色无公害农业生产提供有机肥。

#### 7.7.2.4　园区缓冲区环境保护

加强园区缓冲区环境保护，维护园区良好生态环境。在缓冲区进行封山育林工程，缓冲区不得建设有严重污染大气、水体等的企业，对有机生产作业区周边的农民喷洒农药等进行一定约束，防止园区受到影响。园区生产区域，其周边 5 km 范围内、主导风口 20 km 范围内，不得建有污染的工矿企业，现有的企业"三废"排放必须检测达标。

## 7.8　成本投资估算

在项目实施的前 3 年，农田基本建设和农机等投入较大，这部分成本需要进行专题分析计划论证，而且前 3 年有机生产处于转换期，农产品的市场价格相对较低，收益相对不如后 3 年高。

### 7.8.1　有机水稻田种植水稻的成本效益

以 2155 亩有机水稻生产面积计算生产成本和产值效益。按照 2011 年江西省丰城市有机水稻生产成本，从种到收，每亩需要投入的种子、有机肥、生物农药、农用物资、劳动力成本总共 1000 ～ 1500 元。以每亩 500 ～ 700 斤稻谷、100 斤干谷获 50 斤有机精米计算，假如有机精米市场价格是每斤 10 ～ 25 元，则每亩可以获得 2500 ～ 8750 元。如按每亩稻谷平均产量 600 斤、每斤有机精米 12 元的价格计算，可获得 3600 元 / 亩的收益。大型农机和大米加工厂等设备投资不计入。

### 7.8.2　有机水稻田种植油菜的成本效益

油菜生产成本包括种子、有机肥、生物农药、生物地膜、劳动力，每亩共计 600 元。每亩可以收获油菜 200 ～ 260 斤，产油 75 ～ 90 斤，市场价格每斤12 ～ 15 元，收益 1000 元 / 亩左右，还可以获得菜粕。

## 7.9　效益分析

### 7.9.1　经济效益

#### 7.9.1.1　项目收入

本项目前 3 年的投入比较大，目前农业生产成本最大的是劳动力，而且劳动力的价格在提升，对于高价劳动力成本如不能适当控制，就可能产生高价成本风险。因此，在大面积生产的条件下，必须大力应用机械化生产，这是农业生产的发展趋势，必须控制生产成本。

在本项目实施区域，有机水稻生产按平均每亩产 600 斤稻谷计算，加上利用有机碎米和米糠饲养生态猪、生态鸡鸭鹅、稻田鸭、有机鱼、有机蔬菜和有机果实等经营收入，以及有机富硒加工产品收入，年纯收入可以达到 1000 万元以上。

#### 7.9.1.2　财务评价指标

项目建成前 3 年，每年纯收入可实现 1000 万元以上，财务内部收益率为32%～48%，财务净现值为 750 万元以上，投资回收期为 2～3 年（含建设期），表明该项目实施运行后的经济效益是显著的。

### 7.9.2　社会效益

#### 7.9.2.1　形成农民持续增收的长效机制

通过项目实施，可以有效利用明月山特有的富硒水土资源，建立长效的农民增收机制，保证农民收入稳定持续增长，扩大明月山景区在国内乃至国际上的影响力，极大地推动明月山旅游经济发展，特别是让辖区农民在参与旅游发展中获利增收。通过项目区生态种养殖示范，在农民中还能产生联动效应，可带动项目区附近生态有机产业基地的建设发展，同时促进农村农业经济合作组织、专业协会和经纪人等产业化中介组织发展，建成一批辐射面广、带动力强、服务信用好、自身效益高的经济合作组织和专业协会，提升农业竞争力，增强农民的抗市场风险能力。

#### 7.9.2.2　形成强大的辐射带动能力

项目建成后将成为中国现代化农业和农村的窗口、生态富硒特色农业的展示园、国内一流的高科技生态农业示范基地、国内外一流的高档优质有机产品供应基地和展示当地农家风貌及民俗风情的观光休闲胜地，将形成强大的示范和辐射效应，带动宜春市乃至江西省、全国的现代有机农业产业化发展。通过项目的建设，以基地为依托可培训一大批具有现代农业经营理念和一定劳动生产技能的农业产业工人，从而带动周边的农民共同走产业化经营道路，彻底改变农业和农村的落后面貌，为明月山的乡村村民带来福利和发展机遇。

### 7.9.2.3 增强农产品竞争力，引领健康消费时尚

项目的实施，对于提高产品科技含量和市场竞争力、改变中国加入 WTO 后农业及食品工业的劣势地位、提升我国农业生产和农产品质量的整体水平，具有非常重要的意义。同时，对于提高人们生活水平、增强身体健康、引领消费时尚等方面也具有积极作用。

### 7.9.3　生态效益

项目对生态环境有良好的促进和保护作用。由于"明月山富硒生态现代农业示范园"在立项之初就采取"高起点、高标准、高效率"的运行模式，在项目规划设计上就考虑到了对生态环境的影响，因此，该项目的实施将建成环境友好型的生态产业群，对生态环境进行了保护，促进了当地经济社会的健康可持续发展，这对明月山的长远发展有着不可低估的积极影响。

## 7.10　保障措施

### 7.10.1　加强政企合作，努力争取政府支持与优惠政策

规划的实施，离不开政府有关部门的支持与合作。我国当前有许多扶持生态型农产品特别是绿色食品和有机食品快速发展的优惠政策，在财政方面的产业政策包括补贴、税收减免、认证费用减免等支持形式。通过加强政企合作，可以取得双赢的效果。有机农业发展有一个转换期，在转换期经济效益较低。通过加强政企合作，获得转换期的有机生产补贴，减缓有机农业发展前期收益不足的影响，促进规划的实施。在规划实施期间，应利用国家政策，通过项目区土地整理工程立项，争取国家资金完成规划区农田整治工程，为规划实施节约成本投入，促进规划方案的落实与实现。

### 7.10.2　加强宣传发动，创造富硒有机农业发展良好氛围

加大和深化宣传教育，提高对富硒有机食品和绿色农产品的认识。通过教育、

培训，同时利用各种宣传工具和宣传方式来提高各级领导和民众，特别是项目区所在地村民的发展有机农业的意识，促使他们主动参与到有机食品和绿色农产品生产和推广工作中。另外，可以利用电视、广播、报纸、网站等各类媒体，广泛宣传有机农业和有机食品，提高全民对有机农业和有机食品的认知度和接受度，都来支持、参与有机农业、有机食品的发展。

### 7.10.3 大力实施有机生态环境保护工程

一是开展基地环境的保护。不得在基地方圆 5 km 和上风向 20 km 范围内建有污染的工矿企业，防止工业"三废"对农业耕地的污染，各绿色农业产业基地范围开展植树造林，涵养生态。二是推广农村清洁能源，结合各地实际情况，采取一户一池或多户一池联建的方式，将农户畜禽散养废物资源化。规模化养殖场鼓励建设大中型沼气工程，到 2010 年，新建沼气池 1.5 万个，建 2～3 个农业生态示范区，辐射 50% 的乡镇。三是加强农村面源的污染治理，制定、完善并监督实施农药、化肥、农膜等农业生产资料的环境安全使用标准及生产操作技术规范，指导农民科学使用农用化学品，制定支持有机肥生产和使用的政策。

### 7.10.4 积极推进建立有机食品市场和品牌工程

一是要牢牢把握不断变化的市场情况，合理安排种植品种和生产规模，制订科学的生产计划，树立品牌观念，申报有机食品标志，创建品牌，提高园区富硒有机稻米等农产品的市场竞争力等。要注册商标并严格按照有机食品的相关标准组织生产和销售，同时向有关部门进行申报，通过认证后，再以此为起点，始终坚持客户至上、质量第一、维护品牌信誉的宗旨，把园区打造成全国有影响力的一流富硒有机农业园。二是要建立专业市场网络。根据发展的实际和需要，可在沿海大城市建立园区有机食品销售点，立足于长三角或泛长三角市场，立足于湖南省、湖北省、浙江省、上海市、江苏省、江西省、安徽省、福建省等江南市场。同时，在建立和完善利益联结机制的基础上，采取联购联销、代购代销、连锁经营等形式，与外地有机食品经营企业建立合作关系。三是建立绿色（有机）食品营销体系。积极与各农业行业协会、专业合作组织及其他政府组织合作，充分发挥作用，收集、发布国内外绿色（有机）食品需求信息、绿色（有机）食品科技信息等，参加各种绿色和有机农产品展销会、博览会，为企业有机农业产品销售牵线搭桥。

### 7.10.5 建立健全富硒有机农产品技术保障体系

要严格按照国家有机食品生产管理的相关标准，从选地，选种、制种，种养到加工包装、运输等各个环节制订相应的技术规范和操作规程并严格执行，确保产品质量。一是要选择品质优、产量高、抗性强的农作物品种，改善农田水利条件，提高土壤肥力等技术措施。二是以提高资源利用率、种植综合效益和耕地肥力水平为主要目标，根据当地的条件，科学安排种植模式。主要模式有"豆—稻""稻鸭共栖模式""水稻—油菜（绿肥）""水稻—蔬菜"等模式。三是建立有机农产品生产技术规程和标准体系，建立"统一优良品种、统一生产操作规程、统一投入品供应和使用、统一田间管理、统一收获""五统一"生产管理制度。四是要根据有机食品标准，采取病虫害综合防治措施：建立隔离带、创造控制有害生物天敌生存和繁殖的场所、推广以耕沤治螟、抗性品种防病、灯光和性引诱杀虫、天敌保护、稻鸭共栖和生物防治为主要内容的综合治理技术。五是要保持水土和肥力，避免水土流失。六是要提供有机农产品生产的杀虫植物和绿肥原料：种植驱避植物、诱集植物和杀虫植物，提供控制病虫害的生物农药原料来源；同时，提取的残渣或植物的新鲜体可以直接作为绿肥。

### 7.10.6 建立和完善有机农产品的安全监测体系

建立有机产品质量和安全检测中心。建立和完善动植物疫情疫病防控、检疫监督、药残监控、技术支撑、环境监测等系统，全面提高农产品安全监控能力，对于有机农田投放物资必须确保质量，有机肥和生物农药来源可靠。加强质量安全检测检验体系建设，加强对主要农产品流的过程监控。由农业、质监、工商、检疫检验、环保等部门大力配合，按职能分工，加强对产地环境、生产、加工、流通、出口等环节的监督检测，督促农业生产者和经营者贯彻实施标准，自觉按有机标准生产和经营管理。

### 7.10.7 建立和完善有机农产品的追踪体系

实施源头标识管理，建立和完善有机农产品的质量追踪体系。一是建立基地生产档案体系。二是建立生产企业追踪体系。加工企业要对生产过程做详细如实记录，包括原料的数量、来源、进出库情况，加工工序，产品达标及顾客不满意见的处理等。三是建立农产品标识体系。对有机农产品的每一个批次进行身份标识，运用电子或其他标签，标明每个农产品的原料来源、加工企业、认证机构、采用标准等信息，起到鉴别或防伪的作用；同时，实现可逆追踪，一旦发现不符合有机生产标准的农产品，可以通过追踪体系追踪到生产该产品的生产基地、生产者、生产地块等，并找出其中原因。

### 7.10.8　建立有机农业的风险防范预警体系

为了有效防范自然、市场和技术风险，抵御各种不良因素带来的灾害，必须依托公共资源信息和科学技术网络，建立风险预警体系，使系统遭受的损失降到最低程度。有机农业预警体系主要包括3个方面：一是建立贸易风险预警系统。二是建立农业自然风险预警系统，实行基地有机农业保险。三是建立农业技术风险预警系统。以农林畜牧、农技植保等部门为主，提供农林业生产中常见的病虫害发生、发展趋势和处理的常规咨询服务，对重大病虫害的发生进行预测预报，发布预警信息，及时组织采取技术处理，提高动植物疫情疫病的快速反应能力。

## 7.11　小结

富硒有机农业示范园规划遵循"互不影响、相互支持、相互促进"的原则，以富硒有机水稻为主体，划分为生态农业技术培训与产品展示服务中心、有机大田富硒作物生产区、荷鱼生态养殖观赏区、有机富硒特色蔬菜生产区、农业高新技术和品种试验示范区、动物生态养殖区、有机体验采摘区、生态民俗文化新村、生态观光走廊、有机绿色长廊10个相对独立又有联系的功能区域，形成了"一心一村、二廊、六区"的布局。

富硒有机农业示范园项目，计划构建一个融生态化、示范推广、生态休闲及旅游于一身的富硒有机农业园，优化农业结构和促进农民就业增收，提高宜春市农产品的竞争力，促进生态农业建设及旅游产业持续发展，具有良好的经济效益、社会效益及生态效益。

# 第八章　结　论

①宜春市袁州区在 1996—2013 年，地表温度的次低温区和低温区面积共减少 8.91%，次高温区和高温区面积共增加 16.98%，这表明宜春市袁州区地表温度整体呈快速升温趋势；地表温度的逐年提高在时间增长上与城市化进程一致，在空间分布上与土地利用状况相关，其中高温区主要分布在中心城区、三阳镇、渥江镇、芦村镇及湖田镇 5 个区域，低温区则主要分布在郊区的水体和大面积绿地区域。

②宜春市袁州区热效应可以通过降温通道缓解。利用原有道路、河流等通道，并新规划设计 3 条降温通道，在降温通道连接的关键节点增加绿核及在热岛关键点布置绿核等措施，可有效增加通道降温力度，提高降温效果。通过以上规划设计措施，初步形成了点、线、面的相互联系，实现城市降温网，为研究区域的经济及农业可持续发展奠定基础。

③宜春市袁州区的城市化进程总体呈上升趋势且增长速度逐年加快；随着宜春城市化进程的加快发展，优势景观面积依次为林地、草地、耕地、建设用地、裸地和水体，且近些年各类型所占面积发生了显著变化；近年来区域内林地、耕地、草地和建设用地等不同景观之间转化频繁；区域内斑块数量与密度有持续增加的趋势，景观格局在近 20 年间破碎化情况严重；区域内生态系统服务功能的总体格局及各单项生态系统服务价值均出现下降趋势。

④宜春市袁州区土壤中硒含量在 0.0001～1.03 mg/kg，平均值约为 0.18 mg/kg，部分地区达到富硒水平。研究区域内平均值最高的乡镇为下浦街道，数值为 0.23 mg/kg；最低的为柏木乡，数值为 0.11 mg/kg。土壤硒含量空间分布存在一定的特性，缺硒地区主要位于袁州区北部，富硒地区主要位于中部和南部，新田乡以西地区主要为足硒区。

⑤不同土壤类型硒含量差异较大，潮土硒含量明显高于红壤、水稻土和棕色石灰土，且硒含量较稳定，空间变异性小。土地利用方式对硒含量影响较大，

旱作土壤硒含量高于水作土壤。土壤硒含量的平均值与高程的变化无明显关系，但随着高程的增加，土壤硒含量空间变异性增大，说明高程越高，土壤硒含量越不稳定。

⑥根据宜春市袁州区农业规划的依据、原则，对宜春市袁州区富硒农业发展的产业规划、生态规划、重点项目规划进行定位。确定了以"粮油产业、蔬菜产业、果茶产业、中药材产业、畜禽水产产业、休闲农业与乡村旅游"为主导，资源高效利用、生态完整保护、社会功能健全的富硒农业规划目标。

⑦探讨了富硒有机农业示范园规划遵循"互不影响、相互支持、相互促进"的原则，以富硒有机水稻为主体，规划出生态农业技术培训与产品展示服务中心、有机大田富硒作物生产区、荷鱼生态养殖观赏区、有机富硒特色蔬菜生产区、农业高新技术和品种试验示范区、动物生态养殖区、有机体验采摘区、生态民俗文化新村、生态观光走廊及有机绿色长廊10个相对独立又有联系的功能区域。分析了宜春市袁州区富硒有机农业示范园项目存在的问题，如农田基础设施不健全、国内有机产品市场不成熟等，从基础设施规划、环境保护规划、加强政企合作、加大宣传等方面提出了解决问题的方案，促进了宜春市袁州区生态环境保护和经济发展。

# 附录A  土壤分析样本的采集及制备方法

## 1  土壤分析样本的采集

### 1.1  用具

①小锄；②铁铲；③切土刀；④锌铁盆；⑤钢尺（2 m）；⑥小布袋；⑦标签纸；⑧记录本；⑨铅笔。

### 1.2  方法步骤

土壤样本采集的方法，根据研究目的的不同而不同。如果是研究整个土体的发生与发育，则应按土壤发生层次采集；如果研究耕地土壤的肥力特性，通常是在多点采取混合样本，即在一块田中，采取5～10点的样本，每点约取半斤，然后混合均匀。样点的数目和分布，应根据田块的形状、大小和肥力状况确定。一般有下列3种采样法。

#### 1.2.1  对角线采样法

田块面积较小，接近方形，地势平坦，肥力较均匀的田块可用对角线采样法，取样点不少于5个（图A–1）。

#### 1.2.2  棋盘式采样法

面积中等，形状方整，地势较平坦，而肥力不均匀的田块宜用棋盘式采样法，取样点不少于10个（图A–2）。

#### 1.2.3  蛇形采样法

面积较大，地势不太平坦，肥力不均匀的田块宜用蛇形采样法。按此法采样，在田间是曲折前进来分布样点的，至于曲折的次数则依田块的长度、样点密度而有所变化，一般为3～7次（图A–3）。

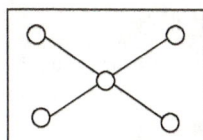

图A-1 对角线采样法　　　　图A-2 棋盘式采样法　　　　图A-3 蛇形采样法

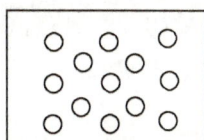

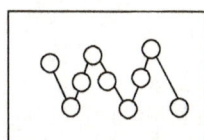

取样时必须在有代表性的位置进行，避免在植株生长特殊的位置、田边、路旁、沟边、低洼积水部位或放置过肥料的地方取样。采集耕作层土壤时，应先把田面的枯枝落叶或其他杂物拨开，用锄或铲挖到所需要的深度，切成垂直剖面后再取样（在作物地采样时，一般在作物株行间进行）。采样时要注意样本的均匀性，各个部位的取样数量应大致相等。如果在一个剖面中要分层采取，一般先采下层样本，后采上层样本，以免混杂土壤。

各点用同法取得的样本，放在同一锌铁盆上，捏碎混匀，用对角弃置法取出一部分均匀样本。将取得的土样倒入干净的小布袋中，每个样本重量应不少于750 g，随即写出两张标签，一张折好放入布袋中，一张则挂在布袋旁边，标签上要写明样本号码、采土地点、深度、采样人姓名及采样日期，并在记录本上记载有关的情况，如采土地点的地形、水利排灌系统、耕作施肥、土地利用、作物生长和产量等。

采取团粒结构分析样本时，不可将土壤捏碎，要保持原来状态，待风干后轻轻混合，取出均匀样本。

## 2　土壤分析样本的制备

### 2.1　用具

①锌铁盆；②土壤筛；③木槌；④研钵；⑤镊子；⑥台秤；⑦铁铲；⑧角匙；⑨广口瓶（或密封袋）；⑩标签纸。

### 2.2　方法步骤

#### 2.2.1　风干

除某些项目（如田间水分、容重等）需用新鲜土壤测定以外，一般都用风干样品进行分析。样品的风干可在通风橱中进行。将土壤铺在锌铁盆上，摊成薄层，间隔地翻拌，在大半干的时候，要将大土块捏碎，以免干后结成硬块。

风干场所力求干燥和通风，并且要防止酸碱蒸汽和尘埃等污染土壤。

在风干过程中应拣去粗大的动植物残体，充分混匀后用四分法取出所需的数量，400 ～ 500 g。

### 2.2.2　磨细和过筛

风干的土样用木槌压碎，然后用孔径为 3 mm 的筛子过筛，直至全部土粒过筛为止。不能过筛的石砾应称其重量，计算其占全部风干样品重量的百分率。在通过 3 mm 筛孔的土壤中，均匀取出约 250 g，全部通过 1 mm 筛孔，分别保存。

### 2.2.3　保存

生产和科研工作中的土样，通常应保存一段时间，以备必要时查核之用。标准样本或对照样本则须较长期妥善保存于磨口塞的广口瓶中。

# 附录 B  土壤中全硒的测定（NY/T 1104—2016）

## 1  范围

本标准规定了用原子荧光光谱法、氢化物原子吸收光谱法和荧光法测定土壤中全硒的方法。

本标准适用于各种土壤中全硒的测定。

## 2  规范性引用文件

下列文件中的条款通过本标准的引用而成为本标准的条款。凡是注日期的引用文件，其随后所有的修改单（不包括勘误的内容）或修订版均不适用于本标准，然而，鼓励根据本标准达成协议的各方研究是否可使用这些文件的最新版本。凡是不注日期的引用文件，其最新版本适用于本标准。

GB/T 6682  分析实验室用水规格和试验方法。

## 3  试剂和材料

除非另有规定，在分析中仅使用确认为分析纯的试剂。本标准所述溶液如未指明溶剂，均系水溶液。

3.1  水，GB/T 6682，二级。

3.2  硝酸，优级纯，$\rho$（$HNO_3$）约为 1.42 g/mL。

3.3  高氯酸，优级纯，$\rho$（$HClO_4$）约为 1.60 g/mL。

3.4  盐酸，优级纯，$\rho$（HCl）约为 1.19 g/mL。

3.5  硼氢化钾碱性溶液：8 g/L。

称取 2 g 氢氧化钠溶于 200 mL 水中，加入 4 g 硼氢化钾，搅拌至溶解完全，加水至 500 mL，用定性滤纸过滤，贮存于塑料瓶中备用。

3.6 硼氢化钠溶液：10 g/L。

称取 1 g 硼氢化钠（$NaBH_4$）和 0.5 g 氢氧化钠溶于去离子水，稀释至 100 mL（现用现配）。

3.7 环己烷：$\rho$ 为（0.778～0.80）g/mL。

3.8 硝酸—高氯酸混合酸：硝酸（优级纯）$V_1$，高氯酸（优级纯）$V_2$，$V_1+V_2=3+2$。

3.9 硫酸溶液：优级纯，（1+1）。

3.10 盐酸溶液：优级纯，（1+1）。

3.11 盐酸溶液：C（HCl）=0.1 mol/L。

3.12 碳酸氢钠溶液：C（$NaHCO_3$）=0.5 mol/L。

3.13 氨水溶液：1+1。

3.14 盐酸羟胺—乙二胺四乙酸二钠（EDTA）溶液。

称取 10 g EDTA 溶于 500 mL 水中，加入 25 g 盐酸羟胺，使其溶解，用水稀释至 1000 mL。

3.15 2，3-二氨基萘溶液（暗室中配置）：1 g/L。

称取 0.1 g 2，3-二氨基萘于 150 mL 烧杯中，加入 100 mL 盐酸溶液（3.11）使其溶解，转移到 250 mL 分液漏斗，加入 20 mL 环己烷（3.7）振荡 1 min，待分层后弃去环己烷，水相重复用环己烷处理 3～4 次。水相放入棕色瓶中，上面加盖约 1 cm 厚的环己烷，于暗处置冰箱保存。必要时再纯化一次。

3.16 硒标准储备液：$\rho$（Se）=100 mg/L。

精确称取 0.1000 g 元素硒（光谱级），溶于少量硝酸（3.2）中，加 2 mL 高氯酸（3.3），置沸水浴中加热 3～4 h，蒸去硝酸，冷却后加入 8.4 mL 盐酸（3.4），再置沸水浴中煮 5 min。准确稀释至 1000 mL，其盐酸浓度为 0.1 mol/L。混匀。

3.17 硒标准使用液：$\rho$（Se）=0.05 mg/L。

将硒标准储备液（3.16）用 0.1 mol/L 盐酸溶液稀释成 1.00 mL 含 0.05 μg 硒的标准使用液，于冰箱内保存。

3.18 甲酚红指示剂：0.2 g/L。

称取 0.02 g 甲酚红于 400 mL 烧杯中，加水溶解，加氨水溶液（3.13）1 滴，使其溶解后加水稀释到 100 mL。

## 4 仪器与设备

4.1 分析实验室通常使用的仪器设备。

4.2 无色散原子荧光分析仪：配有硒特种空心阴极灯。用于氢化物发生—原子荧光光谱法。

4.3 原子吸收分光光度计：配有氢化物发生器和硒空心阴极灯。用于氢化物发生—原子吸收分光光度法。

4.4 荧光光度计：配有光程为 1 cm 石英比色杯。用于荧光法。

4.5 自动控温消化炉。

## 5 试样的制备

取风干后的土样，用四分法分取适量样品后，全部粉碎，过 0.149 mm 孔径筛，混匀后用磨口瓶或塑料袋装，作为测定全硒的待测样品。

## 6 氢化物发生—原子荧光光谱法

### 6.1 原理

样品经硝酸—高氯酸混合酸加热消化后，在盐酸介质中，将样品中的六价硒还原成四价硒，用硼氢化钠（$NaBH_4$）或硼氢化钾（$KBH_4$）作还原剂，将四价硒在盐酸介质中还原成硒化氢（$SeH_2$），由载气（氩气）带入原子化器中进行原子化，在硒特制空心阴极灯照射下，基态硒原子被激发至高能态，在去活化回到基态时，发射出特征波长的荧光，其荧光强度与硒含量成正比。与标准系列比较定值。本方法最低检测量为 1.0 ng。

### 6.2 分析步骤

提示：待测样品消化过程中，谨防蒸干，以免爆炸。

#### 6.2.1 试样溶液的制备

称取待测样品 2 g（精确至 0.0002 g）于 100 mL 三角瓶中，加入混合酸（3.8）10 mL ～ 15 mL，盖上小漏斗，放置过夜。次日，于 160 ℃自动控温消化炉上，消化至无色（土样成灰白色），继续消化至冒白烟后，1 min ～ 2 min 内取下稍冷，向三角瓶中加入 10 mL 盐酸溶液（3.10），置于沸水浴中加热 10 min，取下三角瓶，冷却至室温，用去离子水将消化液转入 50 mL 容量瓶中，定容至刻度，摇匀。

保留试液待测。

6.2.2　硒标准工作曲线绘制

用硒标准使用液（3.17）逐级稀释配制成 $\rho$（Se）分别为 0.00 μg/L，1.00 μg/L，2.00 μg/L，4.00 μg/L，8.00 μg/L 的标准溶液。各吸 20.00 mL 使其硒含量分别为 0.00 ng，20.00 ng，40.00 ng，80.00 ng，160.00 ng 于氢化物发生器中，盖好磨口塞，通入氩气，用加液器以恒定流速注入一定量的硼氢化钾溶液（3.5）。此时反应成的硒化氢由氩气载入石英炉中进行原子化。记录荧光信号峰值。标准溶液系列的浓度范围可根据样品中硒含量的多少和仪器灵敏度高低适当调整。

用荧光信号峰值与之对应的硒含量绘制标准工作曲线。

6.2.3　试液的测定

分取 10.00 mL ～ 20.00 mL 还原定容后的待测液，在与测定硒标准系列溶液相同的条件下，测定试液的荧光信号峰值。

6.2.4　空白试验

除不加试样外，其余分析步骤同试样溶液的测定。

## 6.3　结果计算

全硒（Se）含量 $\omega_1$，以质量分数计，单位为毫克每千克（mg/kg），按式（1）计算：

$$\omega_1 = \frac{(m_1 - m_{01}) \times 50}{mv_1} \times 10^{-3} \qquad (1)$$

式中：

$m_1$——自工作曲线上查得的试样溶液中硒的质量数值，单位为纳克（ng）；

$m_{01}$——空白试液所测得的硒的质量数值，单位为纳克（ng）；

$v_1$——测定时吸取的试样溶液体积数值，单位为毫升（mL）；

$m$——试样的质量的数值，单位为克（g）；

50——试样溶液定容体积数值，单位为毫升（mL）；

$10^{-3}$——以纳克为单位的质量数值换算为以微克为单位的质量数值的换算系数。

取平行测定结果的算术平行值作为测定结果。

计算结果，表示到小数点后两位。

## 6.4　允许差

全硒测定结果的允许差应符合表 1 的要求：

表 1

| 全硒的质量分数（以 Se 计）/（mg/kg） | 平行测定允许相对相差 /% | 不同实验室间测定允许相对相差 /% |
|---|---|---|
| ＜ 0.10 | 20 | 50 |
| 0.10 ～ 0.40 | 15 | 30 |
| ＞ 0.40 | 10 | 20 |

## 7　氢化物发生—原子吸收分光光度法

### 7.1　原理

样品经硝酸、高氯酸混合酸加热消化后，在盐酸介质中，将样品中的六价硒还原成四价硒，用硼氢化钠（NaBH$_4$）或硼氢化钾（KBH$_4$）作还原剂，将四价硒在盐酸介质中还原成硒化氢（SeH$_2$），由载气（氮气）将硒化氢吹入高温电热石英管原子化。根据硒基态原子吸收由硒空心阴极灯发射出来的共振线的量与待测液中硒含量成正比，与标准系列比较定值。本方法最低检测量为 1.4 ng。

### 7.2　分析步骤

7.2.1　试样溶液的制备

同 6.2.1 步骤操作。

7.2.2　硒标准工作曲线绘制

用硒标准使用液（3.17）逐级稀释配制成 $\rho$（Se）分别为 0.00 μg/L，1.00 μg/L，2.00 μg/L，4.00 μg/L，8.00 μg/L 的标准溶液。各吸 20.00 mL 使其硒含量分别为 0.00 ng，20.00 ng，40.00 ng，80.00 ng，160.00 ng，由载气导入氢化物发生器中，以硼氢化钠（3.6）为还原剂将四价硒还原为硒化氢，测定其吸光度。标准溶液系列的浓度范围可根据样品中硒含量的多少和仪器灵敏度高低适当调整。

用吸光度与之对应的硒含量绘制标准工作曲线。

### 7.2.3　试液的测定

分取 10.00 mL ～ 20.00 mL 还原定容后的待测液，在与测定硒标准系列溶液相同的条件下，测定试液的吸光度。

### 7.2.4　空白试验

除不加试样外，其余分析步骤同试样溶液的测定。

## 7.3　结果计算

全硒（Se）含量 $\omega_2$，以质量分数计，单位为毫克每千克（mg/kg），按式（2）计算：

$$\omega_2 = \frac{(m_2 - m_{02}) \times 50}{m v_2} \times 10^{-3} \qquad （2）$$

式中：

$m_2$——自工作曲线上查得的试样溶液中硒的质量数值，单位为纳克（ng）；

$m_{02}$——空白试液所测得的硒的质量数值，单位为纳克（ng）；

$v_2$——测定时吸取的试样溶液体积数值，单位为毫升（mL）；

$m$——试样的质量的数值，单位为克（g）；

50——试样溶液定容体积数值，单位为毫升（mL）；

$10^{-3}$——以纳克为单位的质量数值换算为以微克为单位的质量数值的换算系数。

取平行测定结果的算术平均值作为测定结果。

计算结果表示到小数点后两位。

## 7.4　允许差

全硒测定结果的允许差同 6.4 的规定。

# 8　荧光法

## 8.1　原理

样品经混合酸消化后，有机物被破坏使硒游离出来，还原后在酸性溶液中硒和 2，3-二氨基萘（2，3-diaminonaph-thalene，简称 DAN）反应生成 4，5-

苯并芘硒脑（4，5-benzo-piaselenol），其荧光强度与硒的浓度在一定条件下成正比。加入 EDTA 和盐酸羟胺，可消除试液中铁、铜、钼及大量氧化性物质对全硒测定的干扰。用环己烷萃取后在荧光光度计上选择激发波长 376 nm，发射光波长 525 nm 处测定荧光强度，与绘制的标准曲线比较定量。本方法最低检测量为 3 ng。

## 8.2 分析步骤

8.2.1 试样溶液的制备
同 6.2.1 步骤操作。

8.2.2 试液的测定
吸取 10.00 mL ～ 20.00 mL 还原定容后的待测液于 100 mL 具塞三角瓶中，加 10 mL 盐酸羟胺—乙二胺四乙酸二钠（EDTA）溶液（3.14），混匀，加 2 滴甲酚红指示剂（3.18），溶液呈桃红色，滴加氨水溶液（3.13）至出现黄色，继续加入至呈桃红色，再用盐酸溶液（3.10）调至橙黄色（pH 为 1.5 ～ 2.0）。以下步骤在暗室进行：加 2 mL 2，3-二氨基萘溶液（3.15），混匀，置沸水浴中煮 5 min，取出冷却至室温。准确加入 5 mL 环己烷（3.7），盖上瓶塞，在振荡机上振荡 10 min 后将溶液移入分液漏斗中，待分层后弃去水层，将环己烷层转入带盖试管中，小心勿使环己烷层中混入水滴，于激发波长 376 nm、发射激发波长 525 nm 处测定苯并芘硒脑的荧光强度，查标准工作曲线，得出试样溶液中硒的质量数值。

8.2.3 硒标准工作曲线绘制
用硒标准使用液（3.17）逐级稀释配制成 $\rho$（Se）分别为 0.00 μg/L，1.00 μg/L，2.00 μg/L，4.00 μg/L，8.00 μg/L 的标准溶液。各吸 20.00 mL 使其硒含量分别为 0.00 g，20.00 ng，40.00 ng，80.00 ng，160.00 ng，放入 100 mL 具塞三角瓶中，按试液测定步骤 8.2.2 同时进行。

8.2.4 空白试验
除不加试样外，其余分析步骤同试样溶液的测定。

## 8.3 结果计算

全硒（Se）含量 $\omega_2$，以质量分数计，单位为毫克每千克（mg/kg），按式（3）计算：

$$\omega_3 = \frac{(m_3 - m_{03}) \times 50}{mv_3} \times 10^{-3} \qquad (3)$$

式中：

$m_3$——自工作曲线上查得的试样溶液中硒的质量数值，单位为纳克（ng）；

$m_{03}$——空白试液所测得的硒的质量数值，单位为纳克（ng）；

$v_3$——测定时吸取的试样溶液体积数值，单位为毫升（mL）；

$m$——试样的质量的数值，单位为克（g）；

50——试样溶液定容体积数值，单位为毫升（mL）；

$10^{-3}$——以纳克为单位的质量数值换算为以微克为单位的质量数值的换算系数。

取平行测定结果的算术平均值作为测定结果。

计算结果表示到小数点后两位。

## 8.4  允许差

全硒测定结果的允许差同 6.4 的规定。

# 参考文献

[1] Björklund J，Limburg K E，Rydberg T. Impact of production intensity on the ability of the agricultural landscape to generate ecosystem services: an example from Sweden [J]. Ecological Economics，1999，29（2）：269-291.

[2] Bolund P，Hunhammar S. Ecosystem servicesin urban areas[J]. Ecological Economics，1999，29（2）：293-301.

[3] Cairns J. Protecting the delivery of ecosystem service[J]. Ecosys Health，1997，3（3）：185-194.

[4] Chassaigne H，Chery C C，Bordin G，et al. Development of new analyticalmethods for selenium speciation in selenium-enrichedyeast material [J]. Journal of Chromatography A，2002，976（1-2）：409-422.

[5] Costanza R，d'Arge R，de Groot R，et al. The value of the world's ecosystem services and natural capital[J]. Nature，1997，387（6630）：253-260.

[6] Daily G C，Söderqvist T，Aniyar S，et al. The value of nature and the nature of value[J]. Science，2000，289（5478）：395-396.

[7] Daily G C. Natures service: societal dependence on natural ecosystems [M]. Washington DC: Island Press，1997.

[8] Gladyshev V N，Martin R，Xu X M，et al. Molecular biology of selenium and its role incancer，AIDS and other human diseases[J]. Recent ResDev Biochem，1999，1:145-167.

[9] Gren I M，Groth K H，Sylvén M. Economice values of danube floodplains[J]. Journal of Environmental Management，1995，45（4）：333-345.

[10] Gupta U C，Subhas C. Gupta M D. Selenium in soils and crops，its deficiencies in livestock and humans: implications for management. [J]. Communications in Soil Science & Plant Analysis，2000，31（11-14）：1791-1807.

[11] Kittredge D B，Finley A O，Foster D R. Timber harvesting as ongoing disturbance in a

landscape of diverse ownership[J]. Forest Ecology & Management，2003，180（2）：425-442.

[12] Krenter U P，Heather G H，Marty D M，et al. Change in ecosystem service values in the San Antonio area，Texas [J]. Ecological Economics，2001，39（3）：333-346.

[13] Manson S M. Agent-based modeling and geetic programming for modeling land change in the southern Yucatan Peninsular Region of Mexico [J]. Agriculture Ecosystems and Environment，2005（14）：47-62.

[14] Martin R B，Philip J W，Rosie J B，et al. Biofortification of UK food crops with selenium[J]. Proceeding of the Nutrition Society，2006（65）：169-181.

[15] Pattanayak S K. Valuing watershed services: concepts and empirics from Southeast Asia[J]. Agriculture Ecosystems & Environment，2004，104（1）：171-184.

[16] Rorbert C. The value of the world's ecosystem services and natural capital [J]. Nature，1997，38（15）：253-260.

[17] Suhajda Á，Hegóczki J，Janzsó B，et al. Preparation of selenium yeasts I. Preparation of selenium-enriched Saccharomyces cerevisiae [J]. Journal of Trace Elements in Medicine & Biology，2000，14（1）：43-47.

[18] Sutton P C，Constanza R. Global estimates of market and non-market values derived from nighttime satellite imagery，land cover，and ecosystem service valuation [J]. Ecological Economics，2002，41（3）：509-527.

[19] Wu J，Shen W，Sun W，et al. Empirical patterns of the effects of changing scale on landscape metrics [J]. Landscape Ecology，2002，17（8）：761-782.

[20] Wu J. Effects of changing scale on landscape pattern analysis: scaling relations[J]. Landscape Ecology，2004，19（2）：125-138.

[21] 曹璐. 城市地表温度热岛遥感定量反演及其时空格局 [D]. 上海：华东师范大学，2011.

[22] 车生泉. 城市绿色廊道研究 [J]. 城市生态研究，2001（11）：44-48.

[23] 陈利顶，傅伯杰. 黄河三角洲地区人类活动对景观结构的影响分析：以山东省东营市为例 [J]. 生态学报，1996（4）：337-344.

[24] 陈小丽，李波伟. 充分发挥湖北恩施资源优势加快发展富硒绿色食品产业 [J]. 商场现代化，2008（24）：195-196.

[25] 陈绪敖. 安康富硒食品特色农业产业集群发展的 SWOT 分析 [J]. 湖北农业科学，2012，51（12）：2620-2623.

[26] 陈绪敖.安康富硒特色农业区域品牌发展对策研究 [J].农产品加工：学刊，2012（3）：107-110.

[27] 陈绪敖，陈芳.安康富硒食品特色农业产业集群存在的问题及对策研究 [J].陕西农业科学，2011，57（6）：205-207.

[28] 陈绪敖，程金辉.安康富硒特色农业产业集群、区域品牌经营与农业竞争力的理论分析 [J].陕西农业科学，2012，58（3）：180-182.

[29] 成党伟.陕南富硒农产品区域产业集群及品牌发展战略研究 [J].湖南农业科学，2011（17）：108-110.

[30] 戴昌达，唐伶俐.卫星遥感监测城市扩展与环境变化的研究 [J].遥感学报，1995（1）：1-8.

[31] 邓垚.中国劳动力资源与经济发展研究 [D].长春：吉林大学，2012.

[32] 范鹏宇.基于热红外遥感影像的地表温度空间降尺度研究 [D].福州：福建师范大学，2013.

[33] 傅伯杰.景观生态学原理及方法 [M].北京：科学出版社，2002.

[34] 高峻.上海城市绿地景观格局的分析研究 [J].中国园林，2000（1）：53-56.

[35] 关彦斌，李景庆，赵光明，等.透水性路面与城市生态环境 [J].城市问题，2006（6）：50-53.

[36] 韩维栋，高秀梅.中国红树林生态系统生态价值评估 [J].生态科学，2000，19（1）：40-45.

[37] 胡勇，赵媛.南京城市绿地景观格局之初步研究 [J].中国园林，2004，20（11）：34-36.

[38] 江樟焰，陈云浩，李京.基于 Landsat TM 数据的北京城市热岛研究 [J].武汉大学学报：信息科学版，2006，31（2）：120-123.

[39] 蒋婷，董追，程杰，等.富硒产品的价值与市场推广 [J].经济论坛，2008（22）：109-111.

[40] 角媛梅，肖笃宁，马明国.绿洲景观中居民地空间分布特征及其影响因子分析 [J].生态学报，2003，23（10）：2092-2100.

[41] 李春生.开阳县硒资源农业开发利用研究 [D].贵阳：贵州师范大学，2000.

[42] 李家熙.环境地球化学对农业和人体健康的影响研究 [C]// 中国地质科学院"九五"科技成果汇编.2001.

[43] 李伟峰，欧阳志云，王如松，等.城市生态系统景观格局特征及形成机制 [J].生态学杂志，2005，24（4）：428-432.

[44] 李中秋. 城市景观生态学的发展方向及其可操作性 [J]. 环境科学动态，1995（4）28-29.

[45] 刘建林，何新乡，何智斌，等. 我国硒资源产业现状及创建产业发展基金构想 [J]. 资源开发与市场，2003，19（3）：135-138.

[46] 刘绵刚，欧立健，景红斌，等. 国内外天然硒资源利用问题及对策 [J]. 畜牧兽医杂志，2011，30（6）：68-69.

[47] 刘三超，张昌义. 张掖绿洲城市热岛效应的遥感研究 [J]. 国土资源遥感，2003（4）：17-21.

[48] 刘越，Shintaro，Goto，等. 城市地表热通量遥感反演及与下垫面关系分析 [J]. 地理学报，2012，67（1）：101-112.

[49] 罗贞礼，龙爱华，黄璜，等. 虚拟土战略与土地资源可持续利用的社会化管理 [J]. 冰川冻土，2004，26（5）：624-631.

[50] 马建文，韩秀珍，哈斯巴干，等. 东亚飞蝗灾害的遥感监测实验 [J]. 国土资源遥感，2003（1）：51-55.

[51] 马俊，成群. 安康地区富硒食用菌产业发展浅析 [J]. 农业科技通讯，2012（12）：212-213.

[52] 马世骏，王如松. 社会–经济–自然复合生态系统 [J]. 生态学报，1984，27（1）：1-9.

[53] 马伟，赵珍梅，刘翔，等. 植被指数与地表温度定量关系遥感分析：以北京市 TM 数据为例 [J]. 国土资源遥感，2010（4）：108-112.

[54] 梅静，王治凯. 关于土地资源管理的探讨 [J]. 华章，2012（15）：19.

[55] 欧阳志云，王如松，赵景柱. 生态系统服务功能及其生态经济价值评价 [J]. 应用生态学报，1999，10（5）：635-640.

[56] 覃志豪，ArnonKarnieli. 用陆地卫星 TM6 数据演算地表温度的单窗算法 [J]. 地理学报，2001，56（4）：456-466.

[57] 宋挺，段峥，刘军志，等. Landsat 8 数据地表温度反演算法对比 [J]. 遥感学报，2015，19（3）：451-464.

[58] 孙飒梅，卢昌义. 遥感监测城市热岛强度及其作为生态监测指标的探讨 [J]. 厦门大学学报：自然科学版，2002，41（1）：66-70.

[59] 孙妍. 基于 GEM 模型的恩施富硒绿色食品产业集群竞争力研究 [J]. 湖北民族学院学报：哲学社会科学版，2009，27（6）：150-155.

[60] 孙艳玲，郭鹏，高晓燕. 基于 Landsat TM/ETM+ 的天津地区地表温度时空分布特征研究 [J]. 天津师范大学学报：自然科学版，2012，32（1）：48-53.

[61] 王保忠，王保明，何平．景观资源美学评价的理论与方法 [J]．应用生态学报，2006，17（9）：1733-1739．

[62] 王兵，鲁绍伟．中国经济林生态系统服务价位评估 [J]．应用生态学报，2009，20（2）：417-425．

[63] 王道波，周晓果，张广录，等．作物空间布局的灰色系统决策方法探讨 [J]．干旱地区农业研究，2005，23（1）：149-156．

[64] 王根绪，刘进其，陈玲．黑河流域典型区土地利用格局变化及影响比较 [J]．地理学报，2006，（04）：339-348．

[65] 王少周．关于区域特色农产品开发的思考 [J]．农产品加工，2005（1）：10-11．

[66] 王胜．景观结构特征数量化方法概述 [J]．河北林果研究．1999，14（2）：126-132．

[67] 王松山．土壤中硒形态和价态及生物有效性研究 [D]．咸阳：西北农林科技大学，2012．

[68] 王仰麟．农业景观的生态规划与设计 [J]．应用生态学报，2000，11（2）：265-269．

[69] 邬建国．景观生态学 [M]．北京：高等教育出版社，2000．

[70] 吴泽民，吴文友，高健，等．合肥市区城市森林景观格局分析 [J]．应用生态学报，2003，14（12）：2117-2122．

[71] 武佳卫，徐建华，谈文琦．上海城市热场与植被覆盖的关系研究 [J]．遥感技术与应用，2007，22（1）：26-30．

[72] 席冬梅，邓卫东，毛华明．云南省主要反刍家畜饲养基地土壤硒含量、分布及其影响因素研究 [J]．云南农业大学学报，2007，22（4）：531-536．

[73] 谢高地，张彩霞，张雷明，等．基于单位面积价值当量因子的生态系统服务价值化方法改进 [J]．自然资源学报，2015，30（8）：1243-1254．

[74] 辛琨，肖笃宁．盘锦地区湿地生态系统服务功能价值估算 [J]．生态学报，2002，22（8）：1345-1349．

[75] 徐涵秋．近 30a 来福州盆地中心的城市扩展进程 [J]．地理科学，2011（3）：351-357．

[76] 徐丽华，岳文泽，徐建华．20 世纪 90 年代上海市热环境变化及其社会经济驱动力 [J]．生态学报，2010，30（1）：155-164．

[77] 轩春怡．城市水体布局变化对局地大气环境的影响效应研究 [D]．兰州：兰州大学，2011．

[78] 杨行玉，成党伟．安康富硒食品产业科技支撑体系构建研究 [J]．陕西农业科学，2012（5）：221-223．

[79] 杨怀宇，李晟，杨正勇．池塘养殖生态系统服务价值评估：以上海市青浦区常规鱼类

养殖为例 [J]. 资源科学，2011，33（3）：575-581.

[80] 杨礼茂. 鄂西南地区硒资源及其综合开发 [J]. 地域研究与开发，1998，17（4）：72-76.

[81] 杨正勇，杨怀宇，郭宗香. 农业生态系统服务价值评估研究进展 [J]. 中国生态农业学报，2009，17（5）：1045-1050.

[82] 于勤勤. 恩施富硒区硒元素迁移转化规律及开发研究 [D]. 合肥：合肥工业大学，2009.

[83] 于永超. 论富硒绿色食品产业链的互动构建 [J]. 生态经济：学术版，2006（2）：281-284.

[84] 余德，周卫军，谭洁，等. 洞庭湖区地表温度反演及其时空变化特征 [J]. 生态环境学报，2014，23（11）：1799-1805.

[85] 余新晓，鲁绍伟，靳芳，等. 中国森林生态系统服务功能价值评估 [J]. 生态学报，2005，25（8）：2096-2102.

[86] 岳东霞，杜军，刘俊艳，等. 基于 RS 和转移矩阵的泾河流域生态承载力时空动态评价 [J]. 生态学报，2011，31（9）：2550-2558.

[87] 张晓平，张玉霞. 西藏土壤中硒的含量及分布 [J]. 土壤学报，2000，37（4）：558-562.

[88] 张正栋，蒙金华. 基于城市热岛效应的城市降温通道规划研究：以广州市为例 [J]. 资源科学，2013，35（6）：126

[89] 赵景柱，肖寒. 生态系统服务的物质量与价值量评价方法的比较分析 [J]. 应用生态学报，2000，11（2）：290-292.

[90] 赵景柱，徐亚骏，肖寒，等. 基于可持续发展综合国力的生态系统服务评价研究：13 个国家生态系统服务价值的测算 [J]. 系统工程理论与实践，2003，23（1）：121-127.

[91] 赵少华，宇万太，张璐，等. 环境中硒的生物地球化学循环和营养调控及分异成因 [J]. 生态学杂志，2005，24（10）：1197-1203.

[92] 赵志刚. 区域农业资源评价与设计 [M]. 北京：科学技术文献出版社，2015.

[93] 郑文武，曾永年. 地表温度的多源遥感数据反演算法对比分析 [J]. 地球信息科学学报，2011，13（6）：840-847.

[94] 周文佐，潘剑君，刘高焕. 南京市城市绿地现状遥感分析 [J]. 遥感技术与应用，2002，17（1）：22-26.

[95] 朱慧英. 甘肃省特色农业产业竞争力提升问题研究 [D]. 兰州：甘肃农业大学，2011.

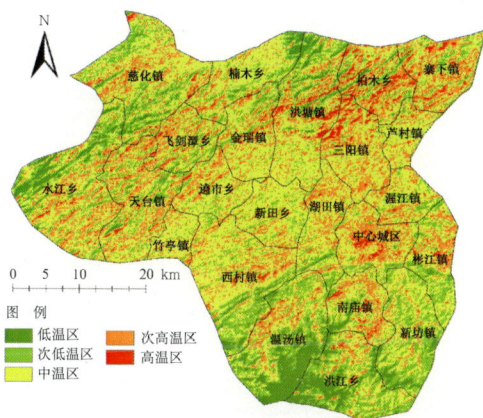

a 1996 年

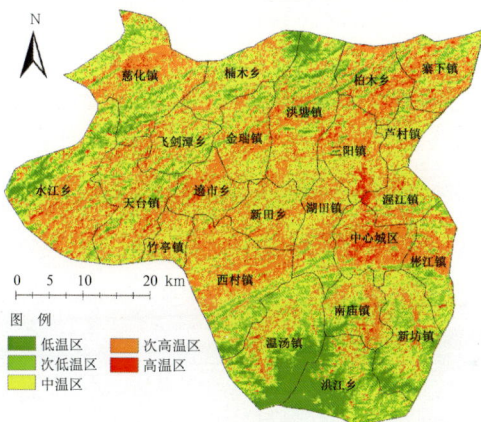

b 2006 年

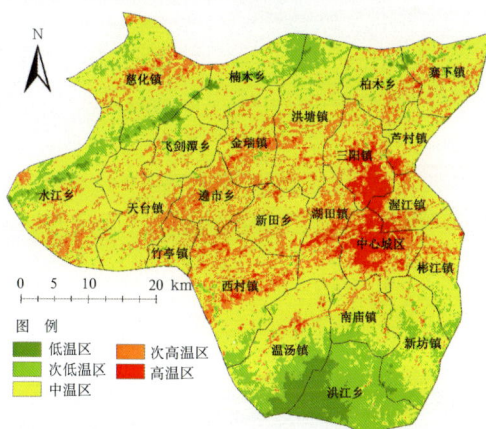

c 2013 年

图 3-1　1996—2013 年宜春市袁州区温度等级时空分布

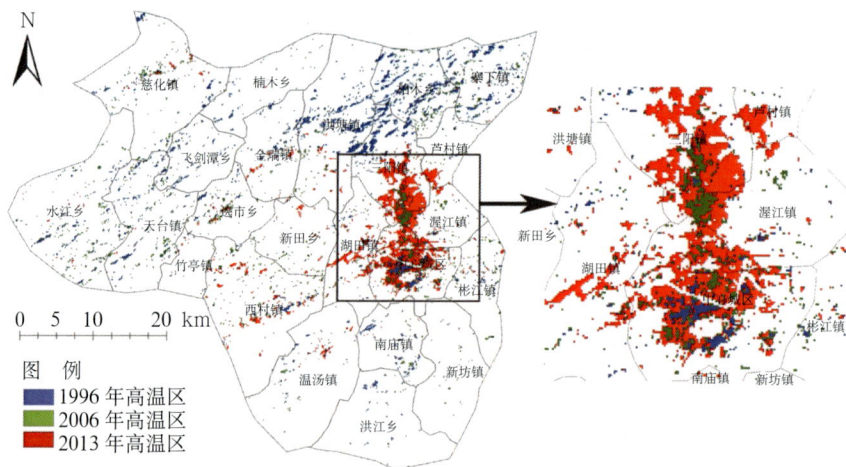

图 3-2　1996—2013 年高温区增势

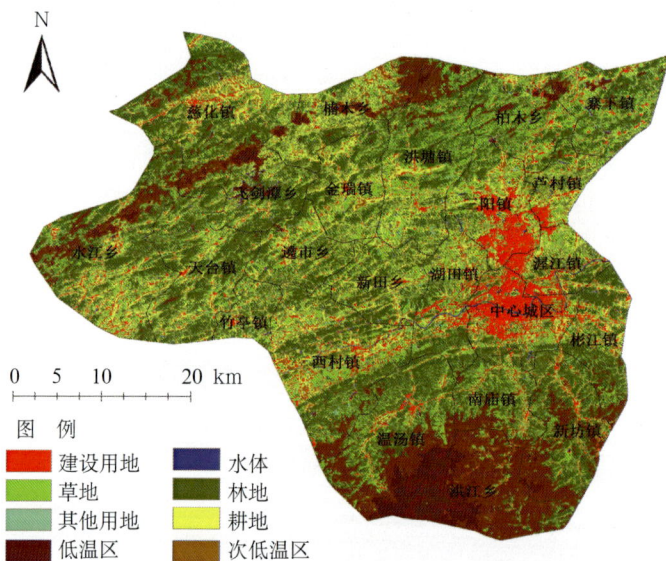

图 3-3　土地利用分类与低温区、次低温区叠加

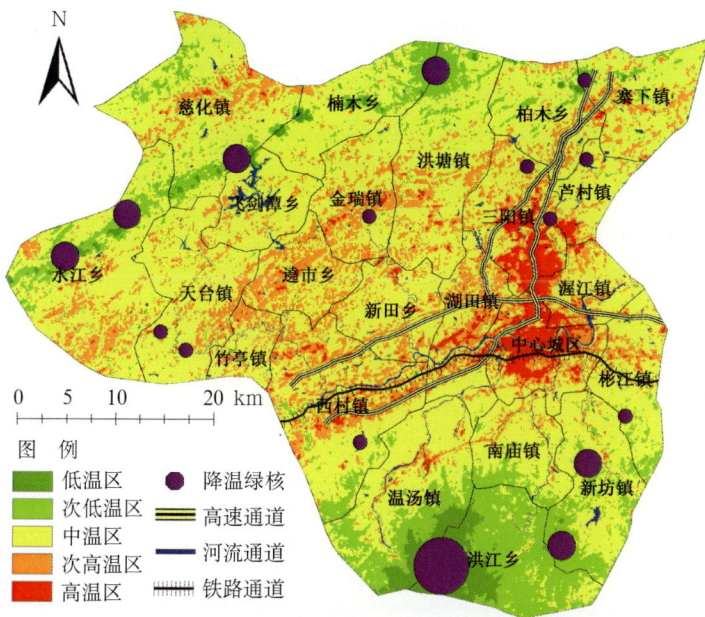

图例
- 低温区
- 次低温区
- 中温区
- 次高温区
- 高温区
- 降温绿核
- 高速通道
- 河流通道
- 铁路通道

图 3-4 现有降温绿核与降温通道分布

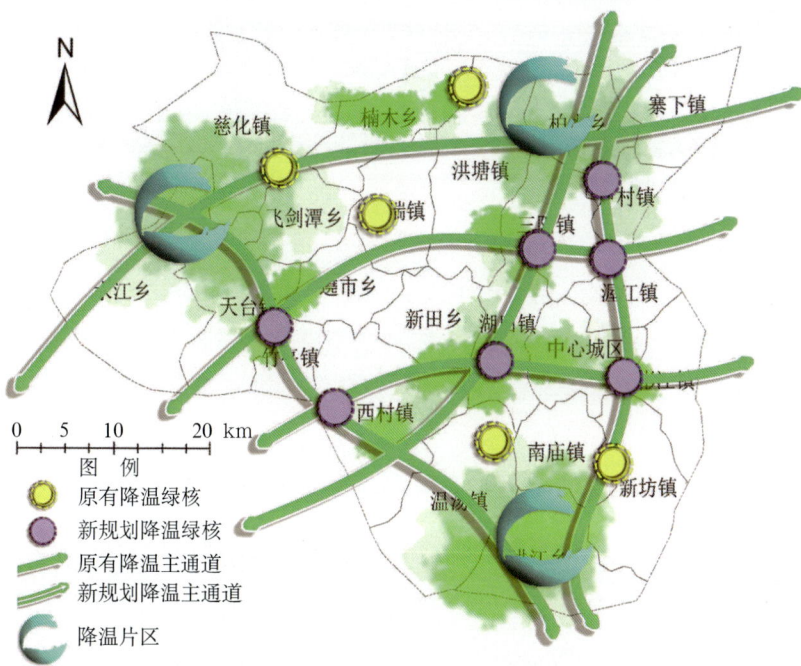

图例
- 原有降温绿核
- 新规划降温绿核
- 原有降温主通道
- 新规划降温主通道
- 降温片区

图 3-5 研究区域降温初步设计

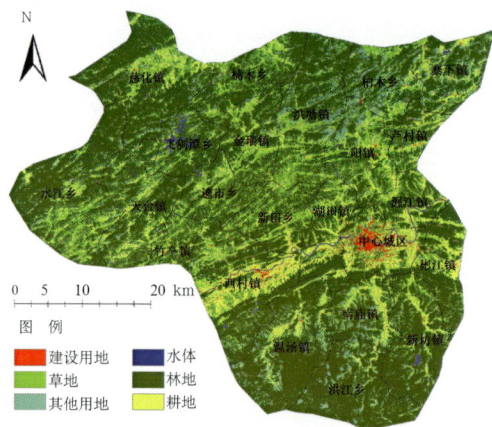

a 1996 年

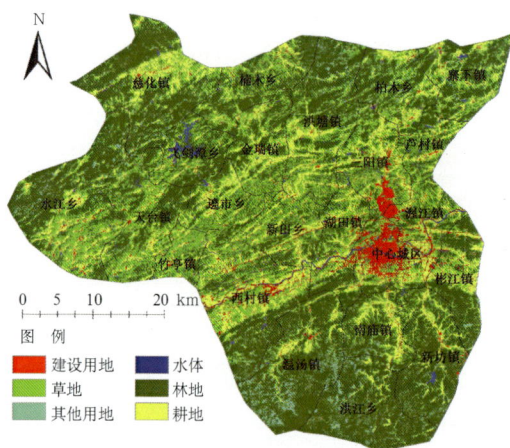

b 2006 年

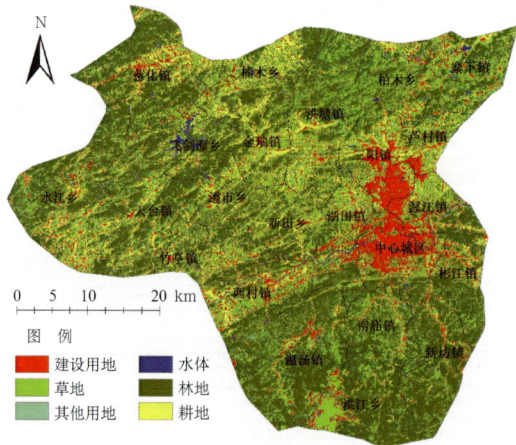

c 2013 年

图 4-3　1996—2013 年宜春市土地利用分类

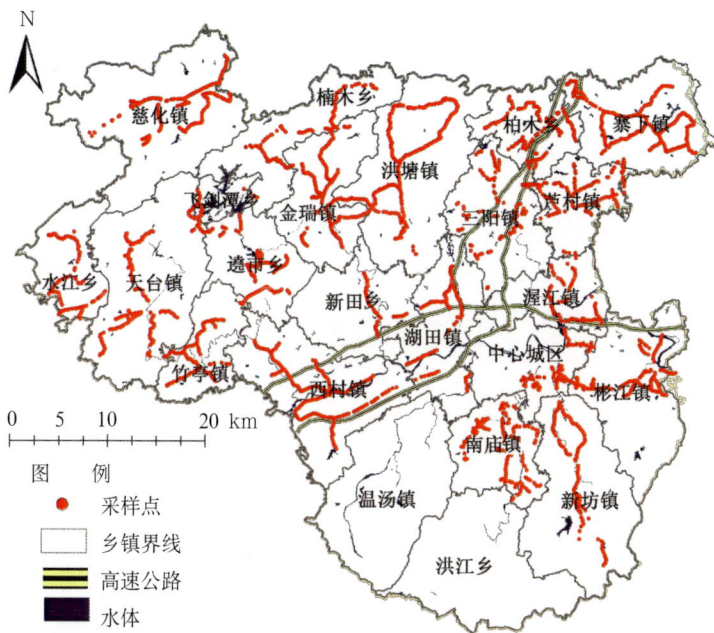

图 5-1 采样点分布

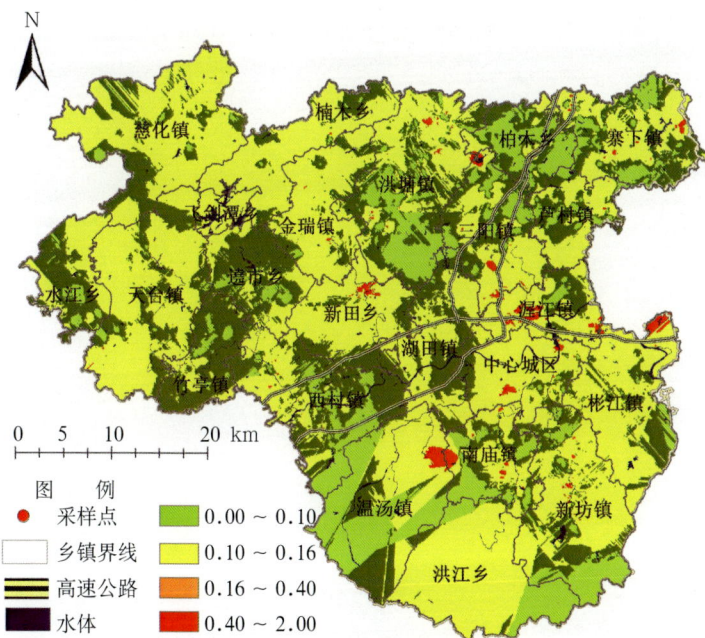

图 5-2 富硒点位现状分布

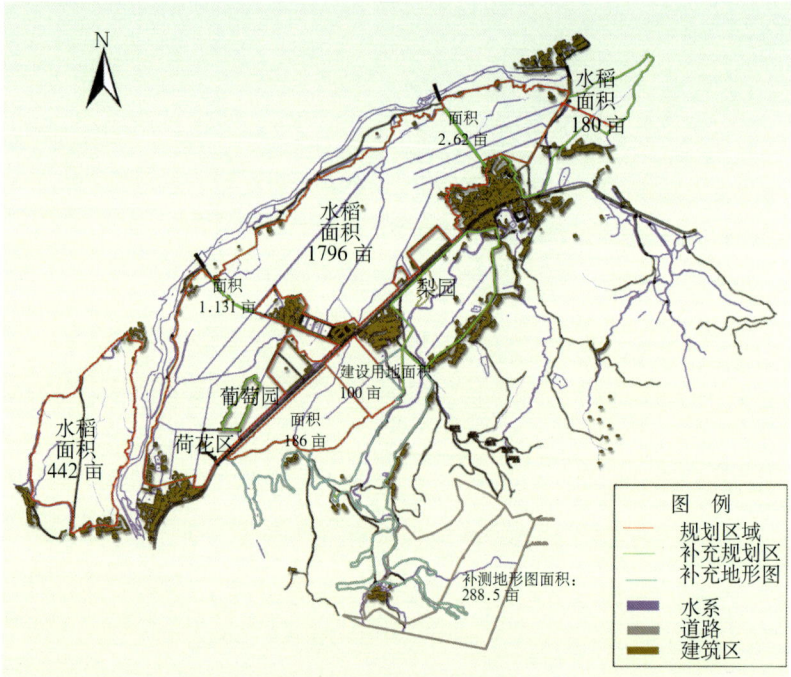

水稻
面积
180亩

面积
2.62亩

水稻面积
1796亩

梨园

面积
1.131亩

建设用地面积
100亩

葡萄园

荷花区

面积
186亩

水稻
面积
442亩

补测地形图面积:
288.5亩

图　例
规划区域
补充规划区
补充地形图
水系
道路
建筑区

a 富硒有机农业示范区现状

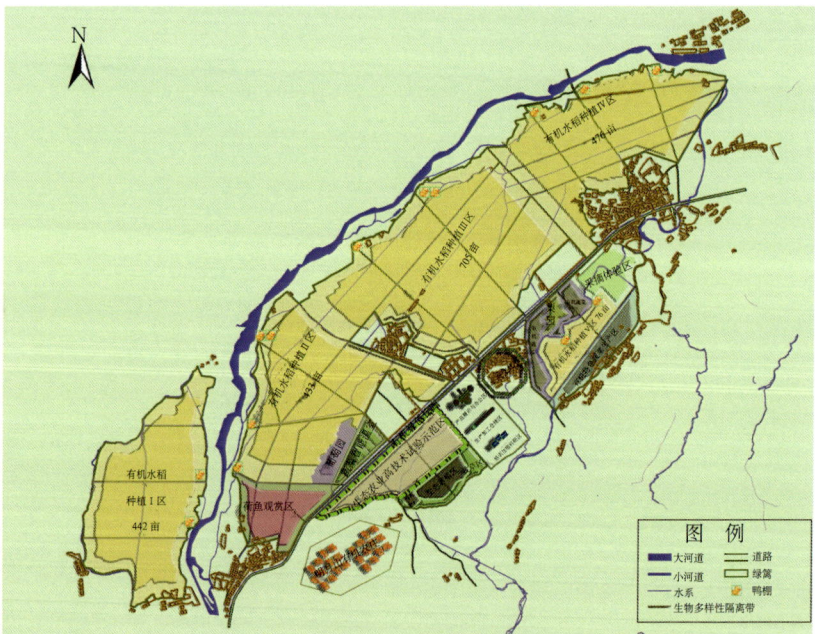

有机水稻种植Ⅳ区

有机水稻种植Ⅲ区
700亩

中华鳖养殖区

有机水稻种植Ⅱ区

有机水稻种植Ⅰ区
442亩

有机蔬菜园

图　例
大河道
小河道
水系
生物多样性隔离带
道路
绿篱
鸭篼

b 富硒有机农业示范区规划

图7-1　富硒有机农业示范区现状及规划